SHODENSHA
SHINSHO

日本人に知ってほしいイスラムのこと

フィフィ

祥伝社新書

まえがき——イスラムを知ることは、世界を知ること

今、日本では日に日にイスラム教徒と接する機会が増えています。街を歩いても電車のなかでも、頭をスカーフのような布（ヒジャブといいます）で覆《おお》った女性の姿を頻繁《ひんぱん》に見かけますね。私が子どものころ（私は二歳のときに家族で日本に来ました）にはあまり見かけなかった光景ですが、時代はそのように変化してきたということです。

イスラムを知らないと、もう世界では通用しません。なぜなら、二〇二〇年には、全人口の四人に一人がイスラム教徒という時代が来るからです。

どこかの公的な機関などに登録するわけではないので、イスラム教徒がどのくらいいるか、はっきりわかっているわけではありません。ですから、イスラム教徒の人口についてのデータは、アバウトな推計になります。

アメリカのシンクタンクであるピュー・リサーチセンターの推計によると、二〇〇九年の時点で、世界のイスラム人口は一五億七〇〇〇万人。全人口（六八億人）の二二・九パ

ーセントでした。これが二〇二〇年になると世界人口八〇億人に対して二〇億人で二五パーセント、つまり四人に一人というわけです。さらに、二〇五〇年までには二七億六〇〇〇万人に増え、世界の三割をイスラム教徒が占めるだろうとの予測もされています。

現在、イスラム教徒の人口がもっとも多い国はインドネシアで、パキスタン、インドと続きます。次いで、バングラデシュ、私の母国であるエジプト、ナイジェリアとなっています。一〇〇年後の推計ではトップが交代してパキスタンになっていますが、上位六カ国の顔ぶれは同じです。

イスラム教徒が多く居住する「イスラム圏」と呼ばれる地域を見ると、人口が激増している地域とほぼ一致していることがわかります。イスラム教徒のほとんどは両親がイスラム教徒で、生まれたときからイスラム教徒です。改宗によるのでなく生まれつきの信徒が多いのは、他の宗教とは違うイスラム教の特徴と言えるかもしれません。だから、イスラム教徒の人口が増えているのは、改宗によってではなく、イスラム圏で出生率が高いからなのです。

後で説明しますが、イスラムでは女性の地位や立場が守られています。こう言うと、

「イスラム社会は一夫多妻で、男の人は四人まで奥さんをもらえるのでしょう。男尊女卑《だんそんじょひ》ではないですか」と反論されそうですが、結婚した女性たちは不妊を理由に離婚されることもなく、どの夫人も、愛人ではなく妻として同じ権利が与えられることが定められています。また、夫婦で子どもを産む・産まないを選択するという考え方もないので、出生率が高いのです。さらに、国際結婚が増えていることも一因です。イスラム教徒の男性と結婚した女性がイスラムに改宗して、子どももイスラム教徒になるという流れなので、人口が一気に増えることになります。

聖地メッカがサウジアラビアにあるので、日本ではイスラムというと中東というイメージが強いですが、イスラム圏で人口が多いのはアジアとアフリカです。日本人はこれまでアジアがイスラム圏であるということをあまり意識してきませんでしたが、信徒の人口ではアジアが半数以上を占めています。

そして、イスラム圏のインドネシアやマレーシアなどの親日国は著《いちじる》しい経済発展を遂《と》げ、日本とのビジネスも活発になっています。ということは、イスラムを知らないと、それこそアジアでのビジネスに乗り遅れてしまうのです。

また、日本を訪れる外国人観光客が激増するなかで、インドネシアやマレーシアからの観光客も年間数十万人のペースで増加しています。日本にいるイスラム教徒は推計で一〇万人あまりと言われ、イスラム圏からの留学生や技能研修生も多いです。

日本が好きで来てくれるアジアのイスラム教徒たちを心から「おもてなし」するためにも今、日本人がイスラムを知ることは、とても重要だと私は思います。本書が、アジアをはじめとするイスラム圏とのビジネスや交流を進めている人たちや、中学生・高校生も含めた日本のみなさんのお役に立てれば嬉しいかぎりです。

さらに言えば、「イスラム」の名の下《もと》に紛争やテロが多発しているというニュースが報道されるため、イスラムが暴力的だとか妄信的だという誤解されたイメージが広まっています。本書を読んで、そんな誤解を解いてもらいたいと願っています。

二〇一八年六月

フィフィ

目次

第三章　意外と近い、イスラムと日本

第四章　知れば知るほど深いイスラム世界　

第六章　ムスリムと付き合うために知ってほしいこと　209

編集協力／瀧井宏臣

フィフィ版・そうだったのか！　イスラム

本文に入る前に、イスラムについてのベーシックな知識をまとめてみました。教科書やメディアからだけではわかりにくいイスラムの世界を、フィフィが案内します。まずは頭に入れておいてくださいね！

■イスラム教は人生のガイドブック

イスラム教は、人間がどうやって生きていくかを説いた人生のガイドブックのようなものでもあって、その教えがコーランに書かれています。単に宗教の規定というだけでなく、政治・経済・法律・社会・生活習慣・文化に至るまでの生活全体を規定しているものです。イスラム教徒のことを、アラビア語でムスリム（男性）、ムスリマ（女性）と呼びます。

■アッラーとは人智《じんち》を超えた存在

イスラム教徒が崇拝する唯一の神。それがアッラーです。私たち人間には説明できない大きな存在です。アッラーはアラビア語で神のことですから、「アッラーの神」という日本語は間違いです。

神というと、日本人は雲の上に乗って下界を見下ろしている老人の姿をイメージしますが、アッラーには姿形がありません。だから、イスラムでは偶像崇拝が禁止されています。どんな姿なのかと想像をしてもいけません。エジプトでは大統領の肖像画が街に飾ってありますが、あれはイスラムの教えにおいては、基本的には反していると言えるでしょう。

■コーランとはアッラーの言葉

イスラムの聖典をコーランと言います。アラビア語の発音では、「クルアーン」の方が近いです。コーランは、預言者ムハンマドが天使ガブリエルから啓示されたアッラーの言葉です。詩の形式になっていて、歌うように唱《とな》えます。コーランを読んで説くイマームという宗教指導者がいますが、仏教のような出家《しゅっけ》はありません。コーランはアッラーの言葉ですから、書き換えることはできません。ムハンマドにコーランが啓示されたのが七世紀なので、当時の時代を反映して第一章で述べるハラール（許されること）や一夫多妻などが出てきます。

コーラン自体は書き換えることはできませんが、エジプトのアル＝アズハル大学やカイロ大学などに所属するイスラム法学者たちが時代の状況に合った形で再解釈し、世界のイスラム教徒たちにファトワと呼ばれる見解をアナウンスしています。

コーランは「細かくて厳しい」とか、「堅苦しくて難しい」と思われているようです。でも、それは誤解です。実際にはかなりザックリとした書き方になっています。だから、住む地域や環境が違っても、金持ちでも貧乏でも、誰もが信仰できるのです。

■ＩＳＩＬ

シリアとイラクにまたがる地域を占拠し、国家を名乗ったグループです。日本ではイスラム国という名前で報道されました。イスラム諸国の大使館や関連団体などが抗議したため、「イスラム国」とカッコが付いたり、「いわゆるイスラム国」と「いわゆる」が付いたりしました。でも、イスラムという名前が使われると、よく事情を知らない日本人はイスラム圏の国々と混同してしまいます。そうなると誤解や偏見を生み、ネガティブなイメージでイスラムを捉《とら》えてしまうので、止《や》めてほしいと願っているムスリムが多いです。私はＩＳＩＬ（アイシル＝Islamic State in Iraq and the Levant イラク・レバントのイスラムの国）と呼んでいますし、マスコミもぜひＩＳＩＬを使ってほしいと訴えています。

■スンニ派とシーア派

イスラムのニュースを見ていて何だろうと思うのが、スンニ派とシーア派です。サウジアラビアはスンニ派で、イランはシーア派と宗派が違うから揉《も》めやすいなどと言われます。

多数を占めるスンニ派は、アッラーの言葉であるコーランを重んじている宗派です。フィフィは、スンニ派です。一方のシーア派は、預言者ムハンマドの血を受け継ぐ人たちも崇拝する宗派です。たとえば、イラン革命を指導したアーヤトッラー・ホメイニー師（以下、ホメイニ師）をカリスマとして崇《あが》めました。イスラム教は偶像崇拝を禁止しているので、教祖はいません。だから、スンニ派から見ると、シーア派がカリスマを崇めることに違和感を拭《ぬぐ》えないのです。

■イスラム法

イスラム法は、民法や国際法、商法から道徳や生活の規律まで、あらゆることを定めたルールです。アラビア語でシャリーアと言います。

アッラーが定めた法ですから、改正できません。でも、コーランと同じように、現状に合わない場合は、イスラム法学者によって常に再解釈され、時代の状況に即したファトワ（見解）が出されます。だから、「イスラムは今の時代に合わないことを信じているよね」というのは誤解です。

また、イスラム圏のなかには、サウジアラビアのようにイスラム法をもとに法律を定めている国もありますが、エジプトのようにイスラム法とは別に近代的な法律を定めている国もあります。

エジプトで酒を飲んでも違法行為をしたとして逮捕されませんが、エジプトのイスラム教徒のなかには「豚肉は食べない」「酒は飲まない」といったイスラム法を守っ

東京・代々木上原にある東京ジャーミイ（イスラムモスク）での集団礼拝（フィフィ撮影）

ている人が多くいます。逆に、イスラム法で「一夫多妻が認められている」からといって、浮気が許されるわけではありません。後に説明しますが、一夫多妻にはまったく別の理由があるのです。

第一章

ハラール問題のポイントはここ！

ハラールって何？

最近、テレビや新聞でイスラムの食べ物の話題が取り上げられるときに、「ハラール」とか、「ハラール・フード」「ハラール認証」という言葉をよく聞きます。イスラム教徒の外国人観光客が増えるのに伴って、日本でもハラール対応をするレストランや空港、大学、アミューズメント・パークなどが増えています。「ー」を取って「ハラル」と表記することもありますね。

でも、ハラールとは何か、わかっている日本人はあまり多くありません。私がハラールに関連して、ツイッターで今治《いまばり》タオルの礼拝マットを紹介したとき、「ハラールって食べ物だけじゃないの？」とか「タオルにもハラール認証が必要なの？」といった初歩的な質問がいくつも寄せられました。

ハラールとは、食べ物に限らず、「イスラム法で許された」という意味のアラビア語です。反対に「イスラム法で禁止された」ことをハラームと言います。

私も子どものころ何かしでかしたとき、お母さんに「それはハラームだよ」と言って叱られました。たとえば、私が「神さまってこういうのじゃない？」と口走ると、「想像するだけでハラームよ。神さまの姿形を考えてはいけないの」とたしなめられました。「神って何だろう」とか「あの世ってどんなところだろう」とか、「人間は死んだ後、どこに行くんだろう」とか、イスラムにおいてはそういったことを考えすぎてはいけないのです。

実はハラームという言葉は、ハーレムの語源なのです。ハーレムと言うと、日本人はたくさんの美女に囲まれた酒池肉林の世界を想像します。しかし本来は「禁じられた場所」という意味で、男性が立ち入ってはいけない、いかがわしい場所のことです。マイケル・ジャクソンのＰＶ（プロモーション・ビデオ）でも、王が酒を飲んでいる周りで、半裸の美女たちがベリーダンスを踊っているシーンがありましたが、イスラムではそういう世界はハラームなのです。「イスラムは一夫多妻だから中東へ行くぞ～」とか「エジプトへ行くぞ～」とか言う日本人がいますが、誤解もはなはだしいです。

ちなみに、古代エジプトの信仰は多神教で、どちらかと言うと日本の八百万《やおよろず》の神々に近いです。エジプトは、数千年前の古代エジプトの遺産を観光資源として国の産業にしています。私は「観光ばかりに頼っていないで、もっと別の分野に力を入れろよ」と思っていますが、いまだに収入源の柱のひとつになっています。私たちエジプト人は古代エジプト人のことを尊敬していますが、古代に生きた人々の信仰は、現代人である我々の宗教とまったくの別物と捉《とら》えているのです。

ハラールのなかでも、一番よく耳にするのがハラール・フードです。

ハラール・フードが重要なのは、日本人が訪日したイスラムの人たちをおもてなししたり、海外でイスラム教徒と触れ合ったりするときに必ず持ち上がることだからです。レストランを選ぶときや、自宅に招待してご馳走《ちそう》するときには気をつける必要があります。

食べることで、まず気をつけなければならないのは、豚肉です。イスラム法では、豚肉を食べることを禁じているのです。豚肉そのものだけでなく、ポーク・エキスやラード、コラーゲン、豚由来の酵素《こうそ》などもダメです。

その理由はというと、ヒンズー教で牛が神のように崇められているのと逆で、イスラムでは豚肉は不浄とされているからです。

コーランができた七世紀ごろ、アラビア半島周辺では豚肉を食べて亡くなる人がいました。今でも豚肉は生では食べませんね。ましてや、当時は殺菌の技術が発達していなかったので、豚肉に相応《ふさわ》しい調理ができていないまま食べてしまい、死ぬ人が出たのです。だから、豚肉を食べてはいけないというルールができました。

では、豚肉が入らなければハラールになるかというと、そうではありません。豚肉が入らないだけでは、ノンポークにしかなりません。

肉を処理する方法にも、ルールがあります。牛肉や鶏肉《とり》を捌《さば》くときは、正規の手順でなければならないのです。たとえば、鶏肉の場合なら、首をポンと切り落として血を全部抜きます。血抜きされた肉を食べる方が病気になるリスクが減るという衛生面の配慮からです。またこのとき、捌く人は「アッラーフ・アクバル」（神は偉大なり）と唱えます。

豚肉を食べているイスラム教徒もいるという話を聞いたことがありますが、食べたからといって罰を受けるわけではありません。ただ多くのムスリムは、これを守っています。イスラム法のルールを守る度合いは、地域や環境によって異なります。たとえば、紛争が絶えないアフガニスタンでは、女性は顔も体も隠しています。アフリカのある地域では、今も一夫多妻が実際に行なわれているところもあります。

また、イスラム教では、信仰は神と個人の契約という考え方に立ちます。ムスリムはそれぞれが神と直接に相対しますから、ルールを守る度合いも人それぞれで、要は自分の気持ちの問題なのです。

ハラール認証のマークは国でバラバラ

多くの国では、イスラム教徒のために食品がハラールであることを認証する表示が付けられています。ハラール・マークです。それは、豚肉が入っていないだけでなく、肉の捌き方など調理や加工の方法も、定められたルールをクリアしていることを意味します。

たとえば国の人口のほとんどがイスラム教徒であるエジプトなどの場合、イスラムのルールが守られて当たり前です。ですから出回っている食品のほとんどがハラールで、ハラールの表示のない食品を見かけても不思議ではありません。しかし、イスラム法を国の法律としているサウジアラビアでは、ハラールでない食品は摘発されますし、ハラール・マークが付いていない食品の輸入は禁止されています。エジプトはそこまで厳しくなく、消費者に判断が任《まか》されています。

一方、インドネシアやマレーシアのように他の宗教など非イスラムの人が多数いる国で

さまざまなハラール認証のマーク

は、ハラールの表示にこだわる傾向が強いです。国内で生産する食品だけでなく、海外からの輸入品についても、ハラール表示に厳しい条件を課しています。とくにマレーシアでは基準がきつく、日本企業の多くがこのマレーシアの基準を採用しているため、基準の達成が難しいのです。

　私の両親が来日した一九七〇年代後半、日本には当然ながらハラール表示がありませんでした。「じゃ、どうしていたの」というと、まず「豚」という漢字を教わって、豚肉を避けることから始めました。

　コーランによると、「自分から食い気を起したり、わざと（神命に）そむこうとの心からではなくて、やむなく（食べた）場合には、別に罪にはなりはせぬ」（コーラン第二章一七三節　岩波文庫『コーラン（上）』42頁）とあり、ハラールでない食品を食してしまった際の罪の意識を緩和《かんわ》させています。

たとえば、二〇〇四年に起きたスマトラ島沖地震ではツナミが何度も押し寄せ、インドネシアなどで死者・行方不明者が二二万人を超える大惨事になりました。このため、外国から大量の援助物資が届けられましたが、そのなかには豚肉や豚肉の成分が含まれた食品もありました。

このとき、被災したインドネシアのイスラム教徒に対して、イスラム法学者から「ハラームの食品を食べてもいい」というアナウンスメントが出されたそうです。私はそういう例もあるのかと、とても驚いたのを覚えています。

こういうファトワ（見解）が出されたにもかかわらず、被災地のイスラム教徒たちのなかには、頑《かたく》なに豚肉の成分が入った食品を拒《こば》む敬虔《けいけん》な信徒がいて、私たちも心を痛めました。

インドネシアのように、他の宗教の人たちや豚肉を食べる華僑《かきょう》もいる国のイスラム教徒は、「信仰心がユルい」と言われるのを特に意識して信仰する傾向にあると思います。だから、このような大災害に遭ってファトワが出されたとしても、豚肉の入った援助物資を口にしようとしなかったイスラム教徒は多かったようです。

ちなみにサウジアラビアでは、豚肉の成分を食品に混入しただけで、イスラム法で裁かれてしまいますが、エジプトでは中華料理屋などでは豚肉の料理が出されていますし、キリスト教徒が豚を飼育して豚肉の販売もしています。このように、イスラムの国々でも豚肉の扱いはそれぞれなのです。

アルコールもNGです

アルコールの語源はアラビア語のアルコホルですが、イスラムでは飲酒もハラームです。理由は単純で、人間は酒を飲むと我を忘れることがあるからです。

お花見に行くと、桜の木に登っている日本人を見ることがあります。あれを見たら、「酒は禁止した方がいいよね」と思う日本人も少なくないと思います。

アルコールが入ったお菓子類についても、ハラームです。食べるとほろ酔いしますから、日本でも子どもには食べさせませんよね。
味噌《みそ》や醤油《しょうゆ》、酢《す》、干《ほ》しブドウやナツメヤシなどの発酵《はっこう》した果物、香料などについても、酒ほど濃くはありませんが、発酵すると微量ながらアルコール成分が出てきます。これについては、その食品を摂取《せっしゅ》しても酔っ払うわけではないので、そのアルコール濃度によってハラールであるか否かが判断されます。

自然発酵の極めて微々たるアルコールについては、基準が厳格なマレーシアでもハラールとして認めていることがあります。ただし、人工的に添加《てんか》されるアルコールについては、基本的にハラームです。

人工的に添加されるアルコールを使った医薬品やアルコール消毒についてもよく議論されますが、そもそも酔っ払わないですし、医療上の必要性があるわけですから、容認されるケースが多いです。

寿司はシャリに酢を使います。でも回転寿司店に行くと、よくヒジャブを被《かぶ》ったイスラムの女の子たちが寿司を食べている姿を見かけます。一方、基準を定めて、それを超えるとハラームだとする解釈もあります。「アルコール成分が生じた食品は一切食べません」

アルコール無添加の醤油や酢を使った「ハラール寿司」の試食会（福岡市）　写真／共同

というムスリムもいます。これも個人の判断に委《ゆだ》ねられているのです。

味噌や醤油については、その調味料を使っていない国の人たちには、食べたときに酔っ払うのかどうかさえもわかりません。だから、「食べて酔っ払ったらどうしよう」という恐れがあるのです。日本人にとっては味噌や醤油を摂取しても酔っ払わないことは当たり前のことですが、彼らにはそれはわからないのです。だから、少なくとも私は、ハラール認証をそこまで求めるつもりはありませんが、知らない外国からの食品にハラール・マークを表示することは親切かもしれません。

この点においては、日本から輸出する食品にとってハラール・マークは有効でしょう。

ところが、日本の旅館や飲食店のなかには、ムスリムのおもてなしをするために、料理に味噌を使わなかったり、アルコール無添加のハラール醤油を使ったりするところがあります。

インドネシアやマレーシアなどから来日するイスラム教徒の観光客を呼び込みたい企業にとっては、ここが重要なポイントになると思います。

日本政府はインバウンドを増やす政策に積極的に取り組んでいますが、ハラール表示については宗教が絡《から》んでいるので、あまり肩入れできないようです。その結果、いわば野放し状態になっていて、いろいろな認証マークが日本に入って来ています。

でも、前に述べたように、イスラム教徒にとって信仰は神と個人の契約なので、他人がどういうハラール基準で生活しているかを問題視したり、口を挟《はさ》んだりすること自体がハラームなのです。

たとえば、私はヒジャブを被っていないことがありますが、「あなた、ヒジャブを被ってないじゃん」と言う人は、イスラムの教えをちゃんと理解できていない人です。自分と神との契約で信仰しているのですから、他人のことは他人のことなのです。他人のことに口を挟まないのが、イスラムの基本です。

逆に言えば、人によっていろいろな考え方があっていいのです。同じ食卓に豚肉の料理があっても気にならない人もいれば、ハラール・マークのない食品には近づかない人もいます。私のように、ハラール・マークを意識せず、ノンポークなら食べるというイスラム教徒もいます。

おそらくインドネシアやマレーシアなどのイスラム教徒は、非ムスリムの人たちと共生している環境なので豚肉やアルコールが常に身近にあり、それゆえハラール基準に対して特に厳しいのでしょう。

二〇〇一年には、「インドネシア味《あじ》の素《もと》事件」というのが起きています。インドネシアで味の素が販売していた旨味《うまみ》調味料がハラール認証を受けながら、製造過程で豚から抽出《ちゅうしゅつ》した酵素が使われていたことが発覚し、現地法人の日本人社長らが消費者保護法違反で逮捕されたのです。現地の味の素は東部ジャワ州にあった工場の操業を一時的に停止し、問題の商品を回収しましたが、ムスリムたちが工場前で抗議行動をするなど、大問題になりました。この事件をきっかけに、日本の企業はイスラムのハラームを意識し始めたのです。

マレーシア基準の呪縛《じゅばく》

マレーシア政府の基準は非常に厳しいので、それに準じている日本の認証団体の基準も厳しくなっています。

豚のラードが含まれているお菓子類などがハラームになるのはわかりますが、日本のハラール市場を見ると、アルコールや豚肉とは無縁なそばや乾麺《かんめん》までもがハラームになっているケースがあります。原料はそば粉ですから、ハラームの対象外と言っていいです。でも、マレーシア人はそばや乾麺がどういうものか、よくわかっていませんし、そばつゆのベースは一般的に醤油ですから、味噌や醤油と同じようにハラームにしているのだと思います。

これらを輸出するならハラール・マークの表示も勧めますが、日本国内で提供する食品の原材料のパッケージにハラール・マークは過剰であると私は思っています。だって調理する人間は、これらが豚肉や酒と無縁な食品とわかっているのですから。

牛肉や鶏肉の場合、牛や鶏に与えるエサがハラールでないと不合格になります。処理するときも、前述したように「アッラーフ・アクバル」と祈りの言葉を唱えながら、喉《のど》を横に切断して締《し》め、血抜きをしなければなりません。

私も子どものころ、祖母に「ちゃんと見ておきなさい」と言われて、鶏を捌くところを見たことがあります。庭で放し飼いにしていた鶏の首を切って、血を抜くのです。

祈りの言葉というのは、いのちに対する敬意です。日本人が食事をするときに「いただきます」と言うのと同じような考え方です。喉を横に切るのは、牛や鶏を苦しませないためです。また、電気ショックなどによる処理も禁止されています。

祈りの言葉を唱えることをハラールの条件にすると、イスラム教徒が捌かないといけなくなります。だから、食肉工場のラインには、イスラム教徒の従業員を置かなければいけないという解釈になりがちです。豚肉と他の肉で調理場や調理器具、保管場所も分けなければなりません。そうなると、手間と費用がかかりすぎて採算が取れないため、大手の食肉会社がハラール商品のプラン自体を諦《あきら》めることになってしまいます。

逆に、観光客相手に商売したい日本の中小企業は、ハラール認証を取得するために、コンサルティングやセミナー参加の費用なども含めて、ひとつの食品につき一〇〇万円単位の投資を強《し》いられています。それだけの投資をしてまで、イスラム相手のビジネスをする必要があるのかと疑問が生じ、ビジネスを断念する企業もあると思います。

これが、日本のハラール対応を遅らせる原因になっているのではないでしょうか。

認証団体は日本企業にマレーシア並みの厳しい基準をアドバイスしていますが、マレーシア政府の基準がイスラム全体の基準になっているわけではありません。そもそもハラール表示については、世界的に統一された基準がないのです。各国の認証機関によって、ハラール表示のマークも異なります。

あまり厳しい基準を求めて、「イスラムに関わるのは面倒くさい」と思われてしまったら、かえってマイナスです。

日本では、イスラム教徒はハラール認証がないと食品を口にしないという思い込みがあるようですが、たとえば私のように非イスラムの国に暮らすイスラム教徒は、ノンポークであれば食べます。そうでなければ生きることに支障があるのです。だから非イスラムの

食品展示会「フーデックス」でハラール・フードを取材しました（写真は 2017 年のもの）

国であっても、欧米のように、せめてノンポークのハムやソーセージのような加工食品がスーパーに並ぶとありがたいのです。

首を傾《かし》げるハラール認証

率直に言えば、ハラール・ビジネスは儲かるという考えもあって、日本ではハラールの認証団体が乱立しました。ハラル・ジャパン協会によると、二〇一五年十二月現在、世界では二〇〇以上、日本でも一五以上の認証団体が設立されています。

私が調べた限りでは、日本のハラール市場は混乱しているという印象を持ちました。なかには、イスラムのことをよくわかっていない団体も見受けられます。「これって認証が必要なの？」と首を傾《かし》げるようなケースが見られるのです。

あるとき、ハラール認証を取った日本企業の記事を読んだら、インテリアに使う塗料だったのでビックリしたことがあります。イスラム圏の国に輸出するのが狙いだったようですが、はっきり言って塗料にハラール認証は要《い》りません。口に入れませんから。

化粧品もそうです。豚のコラーゲンが成分として含まれることがあるので、ハラール認証をしているようです。確かに、マレーシアやインドネシアのイスラム教徒は、豚のコラーゲンが入った化粧品を使わないので、輸出する商品にはハラール認証があってもよいと思います。でも、私の感覚からすれば、国内販売の商品で、ましてや口にする物でない商品にまでハラール認証を勧めるのは行き過ぎです。

前に述べたように、味噌や醬油のように自然発酵したアルコールが含まれていても酔っ払わないものは問題ないのですから、そういうものにまで認証を取らせたがる団体には首を傾げたくなります。

では、どうしたらいいかというと、答えは簡単です。

ハラールの認証団体が基準を作るときに、ムスリムに判断を委ねればよいのです。在日ムスリムと一緒になって、日本の事情に合わせたハラール市場の開拓を進めていけばいいのではないでしょうか。

私でよければ、いくらでも協力します。だいたい私がアドバイスできる立場にいたら、こんな混乱が起きなくて済んだのにと思うと、悲しくなります。

認証団体のなかには、正確な知識がないままに企業の相談に乗ったりセミナーを開いたりする商売第一主義のケースもあって、必要のないものにまでハラール・マークを付けさせています。

その一方で、ハラール認証を取るのが大変すぎて、イスラムを相手にビジネスをするのが面倒になってしまっている企業も見られます。その結果、日本のハラール対応が遅れてきたという面もあると思うのです。

私は二〇一五年ぐらいから毎年、国際的な食品・飲料の専門展示会である「フーデックス」を取材してきました。会場にはハラールコーナーが設けられていて、国内外の企業がハラール食品を展示していました。ところが、二〇一八年三月に千葉県の幕張《まくはり》メッセで行なわれたフーデックス2018では、ハラールコーナーがなくなっていたのです。もちろん、各企業のブースでは一般の食品に交じってハラール食品も展示されていましたが。

私の印象では、ハラール認証の基準が厳しすぎる影響もあって、日本のハラール市場が停滞どころか縮小している感じがします。認証が厳しすぎるために、ハラール対応そのものが遅れてしまっていることが、日本の大きな問題です。

ハラールは宗教の問題なので、日本政府はなかなかハラールには関わりにくいと思います。でも、二〇二〇年の東京オリンピックに向けて、食を担当する政府の部局は、ムスリムにどう対応するかを検討せざるをえないでしょう。

フィフィのハラール・リポート

日本のハラールで、よく知られているのが大学の対応です。

大学のハラール対応は、とても迅速《じんそく》でした。なぜかというと、少子化が進むなかで、海外からの留学生をたくさん受け入れるようになり、それに伴ってムスリムの留学生への対応が求められたからです。

東京工業大学の学生食堂で。ハラール醤油の麺つゆを使ったざるそばです。ハラールメニューは大学生協の考案

最初に動いたのが、大学の生活協同組合（以下、生協）です。生協が運営する食堂でハラールのメニューを導入したほか、売店でもハラールの食品や品物を扱い始めました。全国大学生活協同組合連合会の調べによると、二〇一六年度で四一の大学がハラールのメニューを採《と》り入れています。

私は二〇一五年に東京工業大学（以下、東工大）を取材しました。

東工大の大学生協の食堂では、ノンポークやノンアルコール（以下、ノンアル）のものをハラール推奨メニューとして出していました。

私がこの日、食べたのは「ハラルチキントマト煮」と、独自に開発したハラールの麺つゆを使ったざるそばです。どちらも、とても美味《おい》しかったですよ。後で見せてもらいましたが、使っている醤油はハラールの醤油でした。担当者の話では、東京大学などでは大学生協が独自に開発したハラール醤油を使っているということです。

東工大では、学生の七人に一人が外国人留学生です。もっとも多いのは中国人留学生ですが、インドネシアをはじめ、イスラム諸国からの留学生もいます。このため、二〇〇〇年に大学側の要請を受けて、大学生協が東工大独自の基準でハラールメニューを考案して

ラーメン博物館で味わった「こむらさき」の豚骨もどきのラーメン。チャーシューは大豆、スープは豆乳です

導入したといいます。

私はブログで、次のようにリポートしています。

「長期で日本に滞在する在日イスラム教徒と違い、留学生の多くは長くても数年の短期滞在。ハラール食に妥協を許さない学生もいる。それでもぜひ、勉強や私生活の経験だけでなく、この日本を日本の味から知ってほしいという思いやりからハラールメニュー提供に努める大学生協。そんな親のような心遣いに心温まったリポートとなりました」

詳しくは、ネットでフィフィのブログから「学食リポート」を検索してみてください。

(https://ameblo.jp/fifi2121/entry-12057416566.html)

それから、面白かったのは、神奈川県にあるアミューズメント・パークの新横浜ラーメン博物館（以下、ラ博）です。二〇〇〇年ごろに外国人対応を始め、それまで年間五〇〇〇人だった来場者が、なんと三〇倍以上の一七万人に増えたといいます。

大学の場合、どこの国から何人の留学生が来ているか、把握できていますが、ラ博の場合はいろいろな国の人が来るうえに、傾向もどんどん変わっていきます。増加する外国人客が変わるたびに対応していたら、キリがありません。

そこで、ラ博が採ったのは大胆な作戦でした。ベジタリアン向けのラーメンをメニューに加えたのです。理由は、自分のライフスタイルからベジタリアンになった西洋人が増えているからですが、これならベジタリアンの多い欧米やインドの観光客やイスラム教徒にも対応できます。ただ、ベジタリアンの基準に合わせたラーメンの考案は、かなり苦労したと想像します。だって、豚どころか鶏も魚のダシも使えないのですから。

ラ博に入っている元祖熊本ラーメン「こむらさき」は、一番人気の豚骨《とんこつ》ラーメン店です。豚骨を使わずに、どこまで豚骨に近づけるかに挑戦しています。まさに、私たちの求

東京ムスリム飯店のメニューには、ノンポークの点心がズラリ！

めている、そのものです。

アミューズメント・パークは、ママ友たちと子ども連れで行くことも多いです。ラーメン店に入ったとき、子どもの友だちは豚骨ラーメンを食べても、ムスリムの子どもは食べられません。でも、子どもたちは友だちと同じものを食べたいのですよ。

この店では、見た目も味もオリジナルの豚骨ラーメンとほぼ変わらない、豚骨もどきのラーメンを出してくれます。豚肉のように見えるチャーシューも、実は大豆でできています。豚骨スープは、豆乳を使ってクリーミーに再現しています。うちの息子を連れて行ったら、息子は「おもしろいっ」と言って美味《おい》しく完食しました。

二〇一五年のことなので、今はまた変わっているかもしれません。でも、こむらさきさん、頑張って！

ＪＲ錦糸町《きんしちょう》駅から徒歩四分。東京墨田《すみだ》区の「東京ムスリム飯店」で、水《すい》ギョーザや点心《てんしん》を食べたときは感動しました。日本に四〇年余り住んでいますが、水ギョーザを外で食べたのは初めてだったからです。

この日、食べたのは羊肉の水ギョーザ、牛肉の焼きギョーザ、羊肉のシューマイ、牛肉の麻婆豆腐、シシカバブ（牛肉の串焼き）などでした。

中国に行けば回教徒（ムスリムの中国名）も多いので、そのためムスリムが経営している中華料理店をよく見かけます。しかし、日本の中華料理店では、ほとんどが豚肉を使っていて、ノンポークのメニューを用意してくれている店は珍しいです。

ところが、この店は豚ではなく、牛肉や鶏肉で代用してくれています。「この料理、豚入っていますか？　大丈夫ですか」と聞かずに食べられる数少ない店なので、東京ムスリム飯店にはその後もよく行きます。

豚肉が使われてきたラーメンやギョーザなどの中華料理は、ぜひ牛肉や鶏肉で代用したメニューを用意してほしいです。そういうメニューを提供しようとすると、捌き方まで変えなければいけないので、なかなか導入されません。だから、とりあえずノンポークのメニューを出してほしいのです。

ハムやソーセージ、ウインナも同じです。ノンポークであれば、食べられます。うちの息子はよく「アメリカンドッグみたいなのを食べたい」と言いますが、ノンポークのハムやソーセージ、ウインナは店で売っていません。全部、お取り寄せです。

欲を言えば、私はカツを食べたいです。牛カツを出している店はありますが、私は名古屋で生まれ育ったので、「矢場《やば》とん」のような豚カツ専門の名店で牛カツを出してほしいと思うのです。名古屋名物、みそかつで有名な矢場とんには、昔から憧れています。エビカツがあるのだから、牛カツをやってくれてもいいのになあと思いますけど、それじゃ「矢場ぎゅー」になっちゃうか。でもこのようなメニューがあるだけで、たとえば海外からのお客様の接待にはありがたいのです。さまざまな宗教の方がいますので。

私たちのように、ハラールの捌き方をしていなくても、ノンポークであれば食べるムスリムもいますので、ぜひ牛カツや鶏カツメニューを加えてほしいと要望します。

学校給食の問題

ムスリムの子どもを持つ親で、学校給食にハラール対応がないことに悩んでいる保護者は多いと思います。

でも、すでに述べたように、ハラール認証にこだわっていると対応が遅れてしまうでしょう。学校単位では、なかなか対応しきれないからです。

私自身は公立の小中学校に通っていましたが、学校給食で豚肉を使用するメニューのときは、それに代わるおかずを家で作ってタッパーに詰《つ》め、学校に持参していました。ムスリムのなかには毎日、弁当を持参する子どももいれば、豚肉が出たときだけ取り除いて残す子どももいます。

先生や同級生の理解があればいいのですが、ムスリムの子どもだけ食べる物が違うことで、いじめられるケースもあります。だから、弁当持参をためらう親もいて、なかには「いいから、豚肉も食べちゃいなさい」という人もいるのが現状です。

でも、日本政府が今後、外国人労働者の受け入れを拡大していくのであれば、学校給食でも何らかの対応をしなければなりません。外国人労働者の子どもたちは、学費が高いインターナショナル・スクールには通えませんから、公立の学校に通うことになります。だから、学校給食でハラール対応をどうするか、検討していく必要があるのです。

私自身は、学校給食というシステム自体を見直す時期に来ているのではないかと考えています。貧しくても学校に行けば、給食を食べられる。しかも、みんなで同じ釜の飯を食べるという学校給食は、戦前から日本にあった素晴らしいシステムです。この仕組みが、日本の子どもたちの成長を支えてきたのは確かです。

でも、これだけ日本が豊かになり、食をめぐる状況も変わってきたなかで、学校給食の限界も感じます。たとえば、食物アレルギーが激増していますが、先生がクラスの子ども全員のアレルギーを把握して対応するのは無理だと思います。また、給食費の未払い問題もクローズアップされています。

だったら、そろそろ日本の学校でも、海外で主流になっているカフェテリア形式のランチを採用してもいいのではないか。児童生徒が食堂で、メインディッシュをはじめ、食べるメニューを自分で選ぶのです。

カードでチェックすれば、未払いもなくなります。もっと言えば、政府が子ども手当を出すぐらいなら、カフェテリアで使う食費を無償にしたらどうでしょう。基本的に、学校給食は無料で子どもたちに食べさせればいいと私は思います。

ちなみに、エジプトでは、主に私立の学校でカフェテリア形式が採用されています。一方、公立の学校は午前と午後の二部制なので、だいたい昼食は家で食べます。それでも学校で食べる子どもは、売りに来たパンやランチボックスを買って食べています。

アレルギーの子どもが増えている。いろいろな宗教の外国人も増えていく。そういうなかで、学校給食が多様性にどこまでついていけているのか、疑問です。

ムスリム・フレンドリー対応を

礼拝所のある日本の空港は、ずいぶん増えました。たとえば羽田《はねだ》空港には、3階の国際線出発ロビーに「祈禱《きとう》室」(Prayer Room)と表示された礼拝スペースがあります。またハラール弁当やハラールカレーを提供するレストランが出店しています。これらは言うまでもなく、空港を利用するムスリム、ムスリマたちを接遇するためのもの。こうした対応を「ムスリム・フレンドリー」といいます。

私が調べたムスリム・フレンドリーを以下にご紹介しましょう。

デパートでは、新宿・高島屋の礼拝所が有名です。渋谷・東急はハラールを定期的に宣伝しています。大手スーパーでは、イオンがハラール認証商品の販売を始めました。

三重県鳥羽《とば》市にある真珠のミキモトでも、観光客のために礼拝所を設置しています。東京・台東区浅草《あさくさ》にある人気ラーメン店の成田屋《なりたや》にも、礼拝所が設けられています。京都駅近くの礼拝所は、和風でいかにも京都という雰囲気が出ています。

ネット上では、在日ムスリム向けの「ハラールナビ」というアプリがあります。

方向がわかる方位磁針のアプリが有名です。ムスリムはこのアプリで、礼拝するメッカの方角を確かめます。礼拝の時間が来ると「今、礼拝の時間です」という知らせとともに音楽が流れるアプリもあります。私のお母さんはこれを使っています。このアプリは、コーランの一節も教えてくれるので、便利です。

だから、このハラールナビの存在を教えてあげれば、ムスリムたちは自分たちで検索して調べます。

左ページの図は、私が作ったステッカーです。無料でダウンロードすることができます。わかりやすくて、ステキでしょう。印刷して貼るだけで、ノンポークであることを示すことができます。フィフィ推奨のマークです。

ハラール対応が難しい日本の企業でもノンポーク・ノンアルならすぐにできますから、このステッカーをフリー素材として使ってもらいたいと思って、二〇一五年に私とデザイナーのふたりでこのサイトを立ち上げました。

二〇一七年に行なわれたネットでのアンケート調査結果を見て、私たちはみんな「エッ」となりました。ムスリムの観光客に一番人気のレストランを聞いた調査だったのですが、ハラール対応ではない和食レストランだったのです。

だから、ハラール対応は必ずしもマレーシアの厳しい基準に沿ったものでなくていいのではないでしょうか。もっと日本の状況に合わせた対応をすればいい。そういう緩《ゆる》やかな対応こそがムスリム・フレンドリーなのです。

だから、日本の企業も人もムスリム・フレンドリーな対応を広げて、インバウンドを活

フィフィが作った「ノンポーク」「ノンアルコール」のステッカー。フリー素材なので使ってくださいね

性化していく。そうしないと、もったいないです。

ムスリムたちは寿司やラーメンといった食だけでなく、温泉やスキーなど日本の資源を気に入って観光に来てくれるのですから、そういうムスリムを受け入れる体制を作って、観光客を増やさない手はありません。

第二章

日本に生きて感じたこと

差別はあまりなかった

私はエジプト人の両親のもと、三人姉妹の次女として生まれました。両親はふたりともイスラム教徒で、私も生まれたときからイスラム教徒です。

二歳のときに日本に来て以来、ずっと日本に住んでいます。

私の育ちについては、『おかしいことを「おかしい」と言えない日本という社会へ』（祥伝社）で詳しく書きました。私の自伝に近い本です。

今回の本では前著とは違って、ムスリムと付き合ううえで役に立ちそうなエピソードを中心に、自分の人生を振り返ってみることにします。

私が幼いころは、イスラムをテロと結びつけるようなメディアによる偏《かたよ》った報道がなかったので、学校や地域でムスリムだとして差別されるようなことは特になかったです。

ただ、「豚肉ぐらい食べてもいいじゃん。神様の方を向いて謝れば」などと、ハラームについて友だちや周りの日本人から冗談で言われることは、何度か経験しました。あと、私は経験ありませんが、「きょうは宗教なんか忘れて。酒を飲んじゃえ」と言われたムスリムの知り合いもいます。このようにイスラムに対する無知ゆえの発言で、不快な思いをすることがたまにある程度でした。

二歳下の妹は中学生のとき、制服の下にコーランの一節を書いたペンダントを身に着けていました。そうしたら、学校で先生から「外せ」と言われて、強制的に外させられたことがあります。この中学校では、アクセサリーなどの飾りを着けることが校則で禁止されていました。妹は、飾りではなくて宗教上の理由で身に着けていること、外からは見えな

パパとふたりで

いことなどを説明しましたが、ダメでした。

校則なので仕方ないとはいえ、これが海外で、たとえば宗教の自由が尊重される国であれば、大問題になるでしょう。

最近はメディアによる報道の影響で「イスラムは恐い」と言われたり、イスラムのことをよく知らないのに「イスラムってああだよね。こうだよね」と決めつけられたりして、やっぱり不快な思いをすることがあります。

子どもにどう伝えるか

イスラムについて、メディアが誤解や偏見を生むような報じ方をするなかで、日本に住むムスリムの子どもたちは、自分がイスラム教徒であることに誇りを持てないというアイデンティティの危機に晒《さら》されています。

フィフィの悩みの種は、中学生になった息子にどう伝えるかです。何度か、モスクで行なわれる集団礼拝に連れて行ったりしたこともあるのですが、正直に言うと、イスラム教徒であることについてどこまで説明していいかがわからず、ちゃんとした説明ができないままになっています。

メディアの影響で、息子にも少なからずイスラムに対するネガティブな情報がインプットされてしまったため、このネガティブなイメージを払拭《ふっしょく》するには、時間をかけて段階を踏んでいかなければなりません。

ムスリムであることを頭ごなしに教えても、メディアから入った否定的なイメージがすでにあるので、「ママの方がおかしいことを言っているんじゃないの。だって、テレビでは違うことを言っているじゃん」ということになりかねません。まだメディア・リテラシーがない子どもたちにとって、テレビは絶対なのです。

子育てにおいて、イスラムを子どもにどう教えていくかは、ムスリムの子どもを持つ親たちの多くが抱えている悩みだと思います。

日本ではオウム真理教による地下鉄サリン事件をはじめ、新興宗教による事件などが起きましたので、宗教自体によくないイメージを持っている子どもがけっこういます。教祖が「右」と言えば「右」みたいな、宗教イコール妄信的という信仰のイメージが強いのではないでしょうか。なので、無宗教がよいという考えが横行し、「私、○○教徒なんだよね」って言いづらくなっている感じがしています。これは大きな問題です。

本来であれば、宗教や思想・信条など子どものバックグラウンドを尊重して教育しなければいけないのです。ところが、たとえば学校の先生までもが無宗教がよいと考えている場合もあって、先生が宗教を持つ児童生徒に対して「なんで、そんな宗教に影響されているの」と偏見を持って対応されたなんて話も聞いたことがあります。

日本人のなかには、宗教を持つ人は教義に左右され、流されて生きているというイメージがありますが、イスラム教の場合はそれに加えて、メディアによってネガティブ・イメージを植え付けられてしまっています。日本人は元来、思考が柔軟で差別しない国民であるにもかかわらず、イスラムに対して偏ったイメージを持っているのは非常に残念なことです。

アイデンティティの否定という危機

テレビ番組やゲームを見ると、イスラム教徒が悪役にされることがよくあります。イスラムがテロと結び付けられて報道されていたり、ムスリムが敵として配役されているゲームをしたりするなかで、こうしたネガティブ・イメージに影響を受けて、イスラム教徒である自分が嫌だと思ってしまう子どもたちも少なくありません。

とくに思春期になると、どうしても葛藤《かっとう》を引き起こしがちです。生まれつきイスラム教徒となるケースが多いので、「なんで自分はムスリムなんだろう」と自分のアイデンティティを否定する深刻な事態に陥《おちい》りかねません。

日本のムスリムは固まって住んでコミュニティを作っているわけではなく、わりと点在しているのです。学校でも地域でもイスラム教徒が少ないので、親たちも誰に相談してよいのか戸惑います。悩みを打ち明けて、対処法や解決法を相談する相手がなかなか見つかりません。

こういう苦悩や葛藤は、欧米や日本など先進国ならではの現象です。イスラム諸国ではアイデンティティをめぐる葛藤などありません。

しかし日本の場合、学校現場でもイスラムに対する理解が不足しているので、下手をするといじめに遭《あ》うかもしれないという不安もあり、親はどうしていいのかわからなくなるのです。

私自身は子どものころ、イスラムを強く意識するような教育を受けたことはありませんでした。私が子どもだったころ、名古屋にはモスクもなく、イスラムのコミュニティもなかったのです。

日本では、周囲と違う思想を持ったり、違う行動をしたりすることを否定的に捉える傾向があります。もっと言えば、欧米と違って、日本では同じ考え方や生き方で生きていくことを学校で教える傾向があります。だから、その子だけ違う考え方を持ったり、違う生き方をしたりすると、いじめの対象になって本人が苦しむことにつながってしまいます。

このような理由から、親が私にイスラムについて積極的に教えることがなかったのかもしれません。何か悪いことをしたときに「神はあなたを見ているよ」と諭《さと》されたぐらいです。ちょうど、日本で親に「お天道様《てんとうさま》が見ているぞ」と言われるのと同じ感覚です。

恋愛についても、イスラムと日本では考え方が大きく違います。イスラムの恋愛と結婚についてはあらためて説明しますが、日本は自由恋愛の国なので、ムスリムの子どもを持つ親たちは、子どもの恋愛について、けっこう悩んでいます。子どもたちも親が言うことと日本の常識とのギャップに悩み、親の考えに反発します。

私の家では、躾《しつけ》がかなり厳しかったです。男の子から電話が来ると切られ、お泊《とま》りで友だちの家に遊びに行くのも許してもらえませんでした。また、ミニスカートのような肌を露出する服装もさせてもらえませんでした。

自分が親になってみると、親がどういうふうに心配したのかよくわかりますが、日本人の女の子たちよりも厳しかったかなと思います。

戦争に心を痛めた

二〇〇一年のアフガニスタン戦争や二〇〇三年のイラク戦争、遡《さかのぼ》って一九九一年の湾岸戦争など、戦争が起こるたびに報道で一方的にイスラムが悪者にされるので、私は心を痛めていました。

当時、日本人たちは「テレビで言っていることは絶対だ」とテレビを信仰していました。まだネットがなかった時代ですから、テレビから流れる情報で「イラク悪いよね」とか「フセインおかしいよね」とか判断します。でも、私はお母さんが国際政治学者ですから、アラブ側の情報も持っていて、より客観的に見ることができたわけです。

湾岸戦争のころ、私は中学生でしたが、学校に行っても戦争のことについて自分から話したりはしませんでした。

私はその後、帰国子女が行く愛知県の南山国際中学校・高校に通っていましたが、すごく記憶に残っている同級生の発言があります。アメリカから帰国した男子生徒が「でも、フセインだけがアメリカに対抗しているってカッコいいよね」と言ったのです。

日本のメディアとはまったく違う見方を聞いて、とても新鮮に感じました。アメリカのメディアが垂《た》れ流す情報だけに頼らず、「アラブとアメリカの関係を知ったうえで発言する子もいるんだ」と思いました。それと同時に「日本は情報量が少ないんだな」とも思いました。

アメリカに留学していたころ、私は情報関係の学部で学んでいました。まだコンピュータを持っている人が数少ない時代で、とても早い段階でコンピュータを買い、使いこなしていました。

一方、後に結婚する夫はフロリダ州立大学の映画学部で映画作りを学んでいました。イギリスの公共放送であるＢＢＣは当時、アメリカとアラブの歴史について取材したドキュメンタリー番組をたくさん制作していて、夫は日本では絶対に手に入らないような番組のビデオを取り寄せて見ていました。

彼や彼のクラスメートたちは、アメリカとイスラエルやアラブとの関係を学び、それをわかったうえで、よく朝まで国際政治の話をしたりしていました。そんな彼らの姿を見て、「日本の学生たちとは違うなぁ」と感心したものです。

重信《しげのぶ》メイさんと私

アメリカに留学してコンピュータを使うまでは、私は読書が好きな少女でした。いろいろな本を読みましたが、アラブで活動した国際テロ組織である日本赤軍の本、とくにリーダーの重信房子《しげのぶふさこ》の本も読みました。

日本赤軍は一九七〇年代から八〇年代にかけて、パレスチナ解放人民戦線などの武装闘争組織と連携し、旅客機のハイジャック、空港での銃乱射、外国大使館占拠といった数々のテロ事件を起こした過激派です。その事実を知って「日本人って穏やかに見えて、実は過激だったんだ」なんて驚いたりもしました。

太平洋戦争中の神風特攻隊もそうですが、日本人は、いったん何かを信じると意志が強くて、自分の命を捨ててまで国家や革命のために尽くす過激さを持っているのかもしれません。いったいどういう思いで行動したのか、知りたいと思って本を読んだのです。重信房子や、同じ日本赤軍の岡本公三《おかもとこうぞう》たちはアラブで、いまだに英雄扱いをされています。なぜ英雄視されたのか調べたら、やはり反米思想で合致したようです。

重信房子の娘である重信メイさんと、テレビ番組で共演したことがあります。かつてないくらい緊張してスタジオに入ったのを覚えています。

重信メイさんは父親がパレスチナの人で、アラブの風土や文化をバックグラウンドとして育った女性ですが、ベイルート・アメリカン大学やレバノン大学を出て、同志社《どうししゃ》大学でメディア学の博士号を取っています。アラビア語、英語、日本語を話し、ＡＦＰ通信社のリポーターやテレビのニュースキャスターなども務めました。

どういう感覚を持って生きてきたのか、とても興味がありましたが、共演してみて非常に平和的な思想を持っている人だとわかりました。

メイさんは、母親の母国である日本に憧《あこが》れ、とくに日本の桜を見たくて仕方がなかっ

重信メイさんと共演（2011年2月19日放送・朝日ニュースター「闘え！山里ジャーナル」。画像はYoutubeから）

たそうです。皮肉なことに念願の桜を見ることができたのは、逮捕・勾留《こうりゅう》されていた母親に面会するために、二〇〇一年に来日したときでした。

　重信房子は二〇〇〇年に、大阪府内に潜伏しているところを旅券法違反の疑いで逮捕されました。その後、一九七四年にオランダのハーグで起きたフランス大使館襲撃事件の共謀共同正犯《きょうぼうきょうどうせいはん》として、殺人未遂の罪などで起訴されました。二〇一〇年に最高裁判所で懲役二〇年の刑が確定し、東京の八王子《はちおうじ》医療刑務所でガンの治療をしながら服役しています。

　母親の重信房子が反米かつ反日本政府だっ

たにもかかわらず、メイさんは日本に対する不満や嫌なイメージを持つようなことは一切言っていませんでした。むしろ、日本の風物の美しさについて語っていたことが、非常に印象的でジーンと来ました。

重信房子は娘に対して、自分の思想を頭ごなしに押し付けたりしなかったのかもですね。あれだけ強い思想性や行動原理があった女性ですから、隠すことはできないと思いますが、自分の思想を進んで話すことはなかったのではないでしょうか。娘が自分と同じように過激な行動に出たらどうしようという恐れ、あるいは普通の女の子に育ってほしいという願いがあったのかもしれません。

メイさんの人柄に触れて、「私もそういうふうに息子を育てたいな」と思ったのです。まだ何のベースもない息子に、自分の思想や生き方を押し付けたりしないようにしたい。人種や宗教などに偏見を持たないように育てたいと思いを新たにしました。

生まれた時代を間違えた

私のお母さんも、そうでした。たとえば、ユダヤ人はあーだこーだとか、他の宗教に対して悪いことを言うようなことはありませんでした。政治学者で十字軍の研究が専門でしたが、私に押し付けがましく十字軍について教えたりもしませんでした。

十字軍とは、簡単に言えばイスラム教、ユダヤ教、キリスト教の共通の聖地であるエルサレムの支配権を、キリスト教徒側がイスラム教徒側から奪い返そうとした遠征軍です。中世の十一世紀から十三世紀にかけて戦いが行なわれました。なので、そこには宗教に基づいた根深い対立があったわけです。

それでも、お母さんは、そうした対立や憎しみの歴史について私に言い聞かせることはありませんでした。子どもが溺《おぼ》れているのを見つけたら、その子がイスラム教徒でなくユダヤ教徒やキリスト教徒であっても、同じように助けるという思想で育てられましたが、それがよかったと思います。

私は親の束縛《そくばく》を受けず、自分で考えて自分なりの思想を持つようになりました。今、振り返れば、健全な成長をすることができました。

高校生のころ、私はアメリカをはじめとする大国の思想や主義などに強い嫌悪感を抱いていました。「生まれてきた時代を間違えた。学生運動の時代に生まれていたら、私も学生運動に参加していたよ」なんてことを言ったこともあります。そんな私に母は何も言いませんでしたが、きっと「危ない子だなあ」と心配していたことでしょう。

私が日本の中京《ちゆうきよう》大学を卒業した後、「アメリカに行く」と宣言したときには、お母さんが「なんでアメリカに行くの？　あんなに嫌いって言っていたじゃない」と訝《いぶか》しがるので、「嫌いだから行くんだよ。アメリカという国がどういう思想を持っているか、知るために行きたい」と主張しました。

「国連に行ったら、建物にウンコして帰ってくるからね」と言ったので、「この娘、恐い」と思ったかもしれません。「過激派になってテロのようなことだけはしないでね」と強く念を押されたのを覚えています。

その後、いろいろなことを調べるうちに、政治のウラも見えるようになりました。かつてのように「あれが悪い。これが悪い」と決め付けずに、冷静に物事を見られるようにもなりました。

名古屋の実家で、両親が日本人にアラビア語を教えていたことがあります。

生徒さんのひとりに、岐阜《ぎふ》県で塾の教師をしていた人がいました。その人は九州大学の学生だったころ、学生運動をしていたようです。私たちアラブ人にシンパシーを持っていて、「アラブに行きたいからアラビア語を教えてくれ」と言って、しばらく家に通ってきました。

また、公安の警察官が実家に来たこともあります。

初めは「アラビア語を教えてください」ということだったのですが、そのうち「いつから、ここに住んでいるのか」とか「どういう人たちと知り合いなのか」とか、根掘り葉掘り聞くのです。それで、両親が「怪しいな」と疑いを持って尋ねたら、「警察関係だ」と答えました。それで、両親は「公安警察だな」と判断したようです。

日本の社会が学生運動で大騒ぎになって以後、親たちは子どもにあまり政治について教えないようになりました。私たちの時代はノンポリばかりで、もう学生運動などほとんど

ママの近影です

ありません。だから政治的な言論も若者たちの間から消えました。一方、一九六〇年代の日本の学生たちは、徹夜でマージャンをしたり酒を飲んだりしながら、朝まで政治の話をしたわけでしょう。私たちの時代にはまったくなかったので、羨《うらや》ましいぐらいです。

ところが、ネットで発信できるようになってからは、みんなが匿名《とくめい》だけれど自分の考えをぶつけるようになりました。今は選挙で投票する年齢が一八歳に下げられたこともあって、政治をちゃんと語る学生が増えてきているなという印象はあります。

書くのもしゃべるのも達者

湾岸戦争が起きた一九九一年、国際政治学者だったお母さんがテレビに出て戦争について解説したことがあります。

ところが、母国語ではないので日本語が言葉足らずで覚束《おぼつか》ず、言いたいことが視聴者にちゃんと伝わりませんでした。私はその様子をテレビで見ていて、とても悔《くや》しかったのを覚えています。やはり、アメリカサイドに立つ専門家が多くて、アラブ側の専門家はふたりぐらいしかいませんでした。

一方、私は弁が立つ方ですが、書くのも達者でした。日記を小学校四年から高校一年まで毎日欠かさずに書き記していましたし、俳句もやっていたので、ものを書くのは得意でした。

大学は推薦で入ろうと思っていたので、小論文が必須です。だから、高校生になって以後は、論文を練習するために「タイム」とか「ニューズウィーク」を買ってきて、記事を読んでは小論文にまとめる作業を繰り返しました。文章を書くのは、一向に苦にならないのです。

大学を卒業して、名古屋にあったカラオケの制作会社に入社しました。でも、本を書きたいと思って、仕事で東京などに出張するときには、ついでに自分が書いた文章を出版社へ売り込みに行きました。そうすると、アラブ人の女性で名古屋弁をしゃべるキャラが面白いと気に入られたのですが、「こんな感じで書いて」と言われたオファーと私自身のやりたいことが違っていたので、止《や》めたのです。

その後、ふとしたきっかけでテレビのバラエティ番組に出演するようになりました。

でも二〇一〇年、「アラブの春」が起きた後のことでした。ちょうど私が出ていたバラエティ番組で、ニュースのコーナーに切り替わったとき、小さなワイプ（テレビ画面の端に表示される窓のような画面）で自分の顔が画面に出たまま、エジプトのデモの様子がニュースで流れたのです。

母国エジプトでは若者たちが命がけで民主化を訴え、弾圧されて傷ついている。たくさんの若者たちが拘束され、亡くなっている。なのに、自分はバラエティ番組でへらへらしていていいのか……。

私だって、本当は言いたいことがあるのです。でも、政治的な発言をしたら、もう出演のオファーは来ないかもしれない。当時はまだ東日本大震災の前ですから、芸能人が政治的な発言をすることはめったにありませんでした。

でも、「いいのかなあ。これで、いいのかなあ」と自分のなかで葛藤が続きました。「フィフィは何もコメントしないの？」と言われたり、「バラエティに出ている場合なのかな」と自問自答したりもしたのです。

私の使命は伝えること

ある日、実家にいたときに衝動にかられ、スマホで何千字もの文章をブログに投稿しました。

そのとき、思っていたことを全部書こうと思いました。エジプトの民主化デモが日に日に拡大するなかで、黙っているのが耐えられなくなったのです。「芸能の仕事に影響してもいい。自分の国の若者たちが、明日のエジプトのために命を顧《かえり》みず頑張っているのに。私は何をやっているのだろう」という思いで投稿したのです。

驚いたのは、その投稿がネット上に「フィフィ、腹を括《くく》る」というタイトルでニュースになって流れたことです。そして、ブログを閲覧《えつらん》する人数が激増し、恐ろしいぐらいの反響が返ってきました。

実はそのとき、全身が震えちゃうぐらい恐かった。「明日から、私どうなっちゃうんだろう」「事務所に何を言われるだろう」とドキドキしました。でも、返ってきた声を見ると「こういう声が聞きたかった」「アラブの声を代弁できるのは、あなたしかいない」といったポジティブなものばかり。

私はここから、方向転換を始めたのです。

そして、念願の本を書こうと思い、二〇一三年に自伝に近い作品を出しました。前に紹介した『おかしいことを「おかしい」と言えない日本という社会へ』です。そのなかで、アラブの春のくだりは詳しく書いたので、興味のある人はぜひ読んでください。

日本には、イスラム教というものをちゃんと理解したうえで、日本人たちに伝える人がいない。いても言葉足らずで伝わっていないと思うのです。

いつしかイスラムのことを日本人に伝えることが、私の使命だと思うようになりました。自分の信仰を深めるためにするのではまったくありません。「私にしかできないのなら、進んでやろう」と思って、今回も本を出すことにしたのです。

ただ、日本の社会に蔓延《まんえん》しているイスラム教に対するイメージと自分の信仰心の板挟《いたばさ》みになって、子どもたちが自らのアイデンティティをめぐって苦しむなら、私はイスラムの教えや信仰心を押し付けることはしないです。

なぜかというと、そもそものところに立ち返るならば、宗教とは人々が幸せになるためにあるのであって、苦しむためにあるのではないからです。

ただ息子がいずれ興味を持って「教えてほしい」と言ってきたとき、親としてちゃんと説明できるよう、今から学んで準備をしておきたいとは思っています。

第三章

意外と近い、イスラムと日本

イスラム女性の服装について

最近ではスポーツの国際試合で、ヒジャブを着けている女性を見かけるようになりました。ヒジャブはムスリマ、つまりイスラム教徒の女性が体や頭髪を覆《おお》う布のことです。今は主に頭に巻くスカーフを指すことが多いようですが、本来ヒジャブとは「覆うもの」という意味なので、頭のスカーフにかぎるわけではありません。

リオデジャネイロオリンピック（二〇一六年）では、柔道の選手で、ヒジャブを着けている女性がいました。中東やアジアの選手ではなく、アメリカの選手でしたね。移民の多い欧米では、イスラム教徒の人口も増加していますから、今後はこれらの国々からイスラムの選手が出場する機会も増えるでしょう。ビーチバレーでも、イスラムの選手の出場が話題になりました。相手の選手がビキニなのにムスリマの選手は潜水服のような格好で全身を覆っていて、その対比がすごく印象的でした。

スポーツの試合におけるヒジャブの着用については、国際競技連盟によって認める場合と認めない場合に分かれているそうです。

二〇一七年のアジア冬季競技大会（札幌で開催）では、フィギュアスケートに初めてヒジャブを着けた選手が参加しました。UAE（アラブ首長国連邦）のザーラ・ラリ選手です。イスラム女性の装束《しょうぞく》で銀盤を滑走すると、会場から歓声が上がりました。

ザーラのヒジャブは、スポーツメーカーのナイキが製作したもので、ナイキのマークが入っています。ムスリマの選手として初めてオリンピックに出ることがザーラの夢だったようですが、韓国の平昌《ピョンチャン》冬季オリンピック（二〇一八年）出場は叶《かな》いませんでした。

ヒジャブを着けたザーラ・ラリ選手
写真／時事

この平昌オリンピックに向けたP&Gの公式スポンサーキャンペーンでは、二〇一七年秋からCMがグローバルに放送されましたが、そのCMに出てくる女性は、ザーラをモデルにしていました。「あらゆる困難と闘う子どもの可能性を信じる母親の愛を描く」というのが、このCMのテーマです。パラリンピックを目指す少年を見守る母親を描いた映像もありました。

このなかで、自分たちと違っているという周りの視線に負けず、ヒジャブを着けてスケート競技に臨《のぞ》むムスリマが出てきます。母親はミシンで手作りしたヒジャブを娘に巻いてあげるのですが、このムスリマ少女はザーラがモデルになっています。

このCMはユーチューブやフェイスブックなどのSNSメディアだけでも、一週間で五六〇〇万回も視聴されました。

「なぜイスラムの女性はヒジャブで顔や体を隠すのですか」と聞かれることがあります。ここでは、ヒジャブについて説明します。

ヒジャブを身に着ける主な理由は、女性が男性から身を守るためです。エジプトのような砂漠の地域の場合、砂嵐や強い日射しから身を守ることができるメリットもあります。エジプトでは、外国人観光客にヒジャブの着用を強制しませんが、観光客が日射しを避けるために進んで被《かぶ》る場合もあります。

ヒジャブは、女性が男性から身を守るためのものと述べましたが、なぜ髪の毛を隠すことが身を守ることなのでしょうか。

実は多くの宗教で、髪の毛はセックスシンボルのひとつだと捉えられているのです。キリスト教のシスターはスカーフで頭髪を隠していますし、仏教では尼《あま》さんは髪の毛を剃《そ》っています。正統派の古いユダヤ教では、女性は結婚すると髪の毛を剃ります。

私が住んでいたニューヨーク・クイーンズのリゴパークには、旧ソ連が一九八〇年代後半に行なったペレストロイカ（建て直し）の後、ロシアから流れて来たユダヤ人が住んでいました。男性だと帽子を被り、もみあげを伸ばしています。既婚の女性は、鬘《かつら》を被っていました。不思議ですが、髪を剃って鬘を被る習慣があるらしいのです。

ユダヤ教徒は豚肉を食べないところも私たちと同じで、ホットドッグを買うとき、「これって豚ですか」と聞いたら、店の人が「豚は使ってないから大丈夫だよ。ユダヤ人も豚を食べないから」と言って勧めてくれたのを覚えています。

衣装は国によっていろいろ

イスラム教徒の多い中東諸国では、ヒジャブを着用している女性が一般的です。

イランやサウジアラビアでは、公の場で女性がヒジャブを着用することが法律で義務化されています。風紀委員みたいなおばちゃんなんかもいて、ヒジャブを身に着けていない女性を見つけると注意したり、服装をチェックされては「ちょっとスカートが短いよ」などと小言を言われたりします。

一方、トルコやチュニジアでは政教分離が掲《かか》げられてきたため、ヒジャブを着けている女性をあまり見かけません。レバノンもクリスチャンが多いせいか、ヒジャブをする女性はあまりいません。

ヒジャブは頭髪を覆うスカーフを指すことが多いと述べましたが、ムスリマの衣装は国や地域によって素材や被り方が違い、名前も異なります。

サウジアラビアやUAEなどの産油国などではニカブと言い、全身を黒い布で覆うスタイルになります。顔は目の部分だけを出します。手にも手袋をし、スパッツを穿《は》いて足の踵《かかと》まで覆って極力、素肌を隠すようにしています。

ニカブよりも遮蔽率《しゃへいりつ》が高いブルカという衣装もあります。こちらは目の部分が網のようになっていて、女性の顔がわかりません。特に女性が身を守る必要のある紛争地域ならではのスタイルで、アフガニスタンで多く見られます。またどの国でもよく見るのが、全身は覆うのですが、顔を出し、一枚布を頭から被り、インドのサリーのように体に巻きつけ

左上から時計回りに、ヒジャブ、ニカブ、ブルカ、チャドル

写真／AFP＝時事

るチャドルです。保守的なスタイルで、エジプトは年配の女性や田舎で見られます。

若い女性は頭に布を巻くだけのヒジャブのスタイルがほとんど。髪を布で覆っていても、下はジーパンを穿いたり、体のラインを出すような衣服を身に着けたりしている女性も多いです。

産油国のニカブでも、顔を隠す度合いはさまざまです。目元だけ見せる女性や、シースルー（透けて見える）の素材で目元も隠してしまう人、口元にメタル素材の装飾を付ける人もいます。このメタル素材の装飾を初めて見たときは、「どうやってご飯を食べるのだろう」と思ってビックリ仰《ぎょう》天《てん》しました。空港のレストランで食べているのを見ましたが、チラッチラッと口元の装飾をめくっては食べていました。

イスラム法が国家の法律になっていない国では、ヒジャブの着用は個人の自主性に委《ゆだ》ねられています。

生地《きじ》や色、巻き方などにもルールがなく、地域で異なるだけでなく流行でも変わっていきます。アフリカだと、それこそ色鮮やかなアフリカらしい布が多く使われています。エジプトのようにメディアが発達して情報発信が盛んなところでは、新しい巻き方が発信され、その流行も常に変化しています。

エジプトでは頭髪を全部隠しますが、イランでは前髪を出します。女優のオードリー・ヘップバーンが「ティファニーで朝食を」や「シャレード」などの主演映画のなかでスカーフを巻いていたような感じです。私たちからすると「髪が見えるならヒジャブの意味ないじゃん」と首を傾《かし》げるところです。

エジプトやレバノンなどでは、クリスチャンはスカーフを被らないのですが、自分がイスラム教徒でないことを示すために十字のペンダントをしたり、手の甲に十字の刺青《いれずみ》を彫ったりする習慣もあるようです。

日本では、京都の西陣《にしじん》織の製造元が、西陣織のヒジャブを製造・販売したところ、飛ぶように売れて完売したといいます。私も発売当初、ツイッターで紹介させていただきました。

そう言えば先日、タオル生産で老舗《しにせ》のブランド、今治《いまばり》タオルが出した礼拝マットについてもツイッターで紹介したところ、すごい数のリツイートが来てビックリしました。「これ、すごくいいですねえ」とか「チュニジアに行くのでみやげに持っていきます」といったコメントが寄せられました。

私のツイートは日本に住んでいるムスリムと同時に、一般の日本人がお気に入りにして情報源にしているケースも多いようです。

この礼拝マットはタオル地で作られていて、価格も三六〇〇円とリーズナブル。ウォッシャブルで、とてもクオリティが高いのです。タオルで礼拝マットとは、面白いアイデアですよね。

ブルキニとブルカ

ムスリマが身に着ける服の新しい流れに、ブルキニがあります。ブルカとビキニからなる造語です。

オーストラリアで活動しているレバノン系オーストラリア人で、デザイナーのアヘダ・ザネッティが考案しました（左ページの写真）。手の先と足の先だけしか露出していない水着で、しかも体にあまり密着しないような作りになっています。

このブルキニについて、オーストラリアのイスラム指導者はハラールだとするファトワ（見解）を出しました。そのため二〇〇四年からオンラインでの販売がスタートしましたが、その後の四年間で、世界でなんと七〇万着も売り上げる大ヒット商品になりました。ムスリマだけでなく、日焼け防止とか、露出を苦手とする非ムスリムの女性たちからも歓迎されたのです。

私も「こういうの、いいなあ」と思ってネットで紹介したら、子どもを持つ母親や日焼けしたくない女性たちから「いいね」の反応がたくさんありました。

一方、フランスではブルキニの着用を咎《とが》めるような行為が問題になりました。カンヌなど海岸沿いの自治体が、「海水浴場でブルキニを着てはいけない」と禁止令を出したところ、「自由と平等の国、フランスでなんということだ」と、社会的な批判が巻き起こったのです。これを受けて、フランスの国務院（日本の最高裁に相当します）は二〇一六年、「ブルキニの着用禁止は基本的自由を侵害する深刻かつ明白な違法行為に当たる」と判断しました。

フランスでは政教分離の原則に基づいて、イスラム教徒だけでなく、すべての宗教のシンボルとなる飾りや衣服を公の場で着用することが禁じられています。なので、ヒジャブも宗教的シンボルと認定され、公立学校を含めた公の場での着用が禁止されたのです。

もし禁止行為をした場合は、罰金が科せられます。だから、ヒジャブを着用しているムスリマにヒジャブを脱ぐように命じることもあり、そういった強制的な

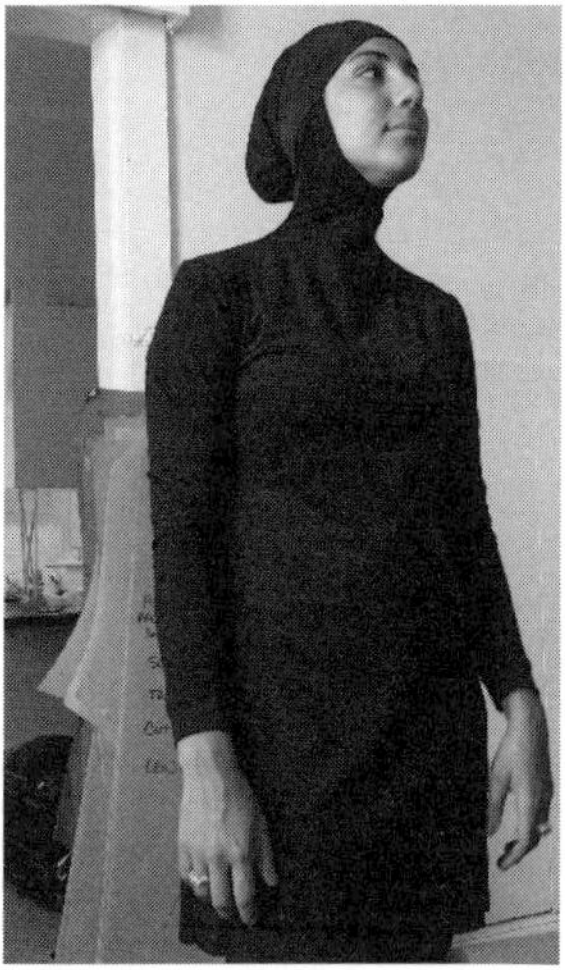

オーストラリアのデザイナーが考案したブルキニ

写真／AFP＝時事

行為がたびたび問題になっていました。

ブルキニについては、国務院の判断が示された後、多くの観光地で着用がＯＫになりました。しかし、一部のリゾート地では、まだ着用を禁じる措置が解かれていません。

ブルカのように顔を隠すものについては、フランスを旅行する外国人にも、男女を問わず禁止されています。違反者には最高で一五〇ユーロ、日本円にして約二万円の罰金と市民教育講座（フランスの国土や歴史、政治、法律などを学ぶそうです）の受講が義務づけられます。

ブルカを禁じる理由として、顔が見えないとコミュニケーションが取れず、不安や恐れが生じるという主張があります。確かに顔を隠していると、男性か女性かわかりません。男性が顔を隠して、女性トイレに入ってくるなんてことも起きています。

その一方で、宗教の自由だけでなく、表現の自由が侵害されるとして、ブルカの禁止に反対する主張もあります。

フランスでは、この両方の意見が対立したままですが、ヒジャブやチャドルなど顔を隠さないものについては、最近は禁止の対象外になっているようです。

フランスに暮らすイスラム教徒は約五七〇〇万人で、いわゆる先進国では最大です。そのなかでブルカを身に着け、顔まで隠して生活する女性は二〇〇〇人程度と言われます。だから、ムスリマの多くはフランスの法律に従って生活しているようです。

ちなみにヨーロッパでは、フランスだけでなく、オランダやスイス、ドイツでもブルカを禁止する動きが見られました。

ユニクロのムスリム・ファッション

ユニクロでは、日系イギリス人のデザイナーで、自身もムスリマであるハナ・タジマさんを起用し、ムスリム向けの商品を開発しています。「ハナ タジマ フォー ユニクロ」と命名されました。

二〇一五年の秋冬コレクションで、まずマレーシア、シンガポール、インドネシア、タイの四カ国で販売。二〇一六年の春夏コレクションでは、フィリピン、アメリカ、イギリスにも販路を広げたところ、好評だったので、二〇一六年六月末から日本国内での販売を開始しました。その後、中国や韓国でも販売され、ハナ・タジマのシリーズが世界で展開されています。

ハナさんがデザインしたのはヒジャブだけでなく、カバヤと呼ばれるロング・カーディガンや体のラインを隠す商品などです。いずれも機能性とファッション性を兼ね備えていて、ゆったりと着こなせるデイリー・ウェアとして提案されています。このため着やすく、使いやすいということで、ブルキニと同じくイスラム女性に限らず非ムスリムの女性たちにも人気です。

ネットで発信しているユニクロ側のコメントによると、ユニクロは二〇〇九年のシンガポール進出を足がかりに、マレーシア、タイ、フィリピン、インドネシアとビジネスを展開していくプロセスで、この地域にイスラム教徒が多いことを知りました。ASEAN《アセアン》（東南アジア諸国連合）でマーケットを拡大するなかで、従来のラインナップでは十分な対応ができないことに気づき、ムスリム向けのファッションという新たな展開に踏み出したようです。

ムスリムの女性ファッションはやはり保守的であり、女性らしさを追求しながら快適性も求める点で、ユニクロと共通点があります。確かに言われてみれば、ユニクロはあまり

ユニクロが開発したムスリム・ファッション　写真／共同

露出度の高い服を作っておらず、その意味では保守的と言えるかもしれません。
実はユニクロの売り場では、とくにムスリム向けという表示をしていません。それはムスリム・ファッションということを特に意識させることなく、非ムスリムの女性たちにも買っていただこうという狙いがあるからです。聞くところによると、ヒジャブをストールとして購入する女性が多いようです。
ユニクロとしては、これまでにない着こなしや使い方があることを日本人にも知ってほしいということです。
ムスリム・ファッションと言われても、日本人にはあまりなじみがありませんが、アメリカの情報調査会社トムソン・ロイターの調査では、二〇一三年の一年間にムスリムがアパレルに使った金額は二六六〇億ドル、およそ二七兆二六九七億円に上るとされています。

つまり、桁違《けたちが》いに巨大なマーケットなのです。新たな挑戦を始めたのは、ユニクロだけではありません。二〇一五年には、ファストファッション（最新の流行の衣料品を低価格かつ短いサイクルで売り出すファッション）で知られるH&Mの広告に、ヒジャブを被ったモデルが登場しました。また、二〇一六年には高級ブランドのドルチェ&ガッバーナが、ヒジャブなどのコレクションを発表しました。

何しろ二七兆円ですから、日本のアパレル業界人もこの額を聞いたら「やらなきゃ！」ってなると思います。ASEAN地域が経済成長を続けているだけでなく、中東の産油国も巨額のお金を使いますから、ムスリム・ファッションには大きな可能性があることを、日本人にも知ってほしいです。

ムスリマたちの間で、ロリータ・ファッションがブームに
写真／Tumblr/The Hijabi Lolita

ムスリム・ロリータとは？

ムスリム関連で最近、話題になっているのが、ムスリム・ロリータです。

ロリータというのは、少女のあどけない可愛らしさ、小悪魔的な美しさを表現したスタイルのことです。私はよく知りませんが、もとは少女にしか魅力を感じないオジサンの物語として、ウラジーミル・ナボコフというロシア出身の作家が書いた『ロリータ』という作品がルーツとされています。

日本では二〇〇〇年代に入ってすぐ、お姫様のようなストリート・ファッションとして広まりました。今でも大人気ですけれども、イスラムの女の子たちの間でもロリータ・ファッションの旋風が巻き起こり、ムスリム・ロリータが誕生しました。

ムスリムの子どもたちは、私たちもビックリするぐらいSNS（ソーシャル・ネットワーキング・サービス）を活用しているので、インスタ映《ば》えのする写真が投稿されています。一応、説明しておくと、インスタ映えとはSNSのインスタグラムに写真を公開した際にひときわ映《は》えることを言います。

そういう写真を見ると、フリルの付いたヒジャブを被り、日本の女の子たちに勝《まさ》るとも劣らない「カワイイ」アピールです。ただし、スカートの下にスパッツなどを穿《は》いて肌を隠しています。ムスリマたちは、イスラムの教義を守りながら、ロリータのおシャレを楽しんでいるのです。

ムスリム・ロリータのブームを引き起こした火付け役が、アメリカ・カリフォルニア在住のムスリマであるアリッサ・サラザールです。

アリッサは、イギリス在住のファッション・ブロガーであるノアがSNSで発信しているムスリマのファッション・コーディネートに強く影響を受けました。そして、自分がコーディネートしたムスリム・ロリータの写真を公開したところ、世界中から注目を集めたのです。

ロリータ・ファッションは欧米には広がっているので、たまたまアメリカに住むムスリマが自分もやりたいと思って工夫したら、人気が沸騰《ふっとう》したということだと思います。

そもそもロリータは肌の露出が少ないので、イスラムと相性がよく、ムスリマたちが受け入れやすいファッションだったのです。

コスプレが流行

イスラム教徒の若い女性の間では、東南アジアを中心にコスプレが流行しています。ヒジャブを髪の毛に見立て、さまざまなキャラクターに扮して楽しむのです。メディアでも「ヒジャブ・コスプレ」として報じられましたが、コスプレ大会やアニメ・イベントもイスラムの国々で定期的に開かれています。

コスプレというのは、アニメのキャラクターなどの扮装をして楽しむコスチューム・プレイのことです。コスプレに熱中する人をコスプレイヤーと呼びます。私がヒジャブ・コスプレをツイッターで報告したら、日本の若者たちからも大反響がありました。

その背景には、東南アジアから中東、北アフリカに至るイスラム圏で、日本のアニメやゲームがブームになっていることがあります。私の子ども時代は「キャプテン翼」でしたが、その後、「ドラえもん」や「ポケットモンスター」（以下、ポケモン）が大人気になりました。最近では、バーチャル・アイドルの初音《はつね》ミクとか。私の方がついていけてないくらいです。

日本ではコスプレをするとき、ウィッグ（女性用鬘）を被って、青色やピンク色の髪の毛を表現しています。でも、ウィッグは髪の毛の代用品ですから、髪の毛を露出しているのと変わりません。

それで頭髪を露出しないムスリマたちは、イスラムの教えを守りながら、好きなキャラクターになりきるために、青色やピンク色のヒジャブを被っています。これがヒジャブ・コスプレです。コスプレ仲間と話し合い、どこまでならイスラム法的に許容範囲なのか葛藤しながら、表現方法を考えてコスプレをしているのです。

ヒジャブ・コスプレは二〇一一年ごろからインドネシアで見られるようになり、翌年にはマレーシアに飛び火しました。インドネシアでアパレルの仕事をしていたシンディ・ヤ

マレーシアでヒジャブ・コスプレのイベントが開かれた。左の女性は初音ミクに扮している
写真／AFP＝時事

ンティが、地元テレビ局のトーク・ショーに出演し、ヒジャブ・コスプレがテレビで紹介されたのをきっかけに広がりました。

インドネシアでは一九八〇年代以後、日本語教育がブームになり、その影響で日本のアニメやゲームに興味を持つ子どもたちがたくさんいます。

ヒジャブ・コスプレをしているムスリマたちは、イスラム教徒であるのにキャラクターに扮することがどこまで許されるのか、それをコスプレ仲間と話し合いながらスタイルを確立してきました。彼女たちは信仰とコスプレの間で常に揺れ動いているのです。

一方で、彼女たちのチャレンジを温かく見ているオタクの子たちのエールが世界から届いています。「オタクは国境を越える！」と思いました。オタクというのは、アニメやゲーム、コスプレなど、自分の好きな趣味に入れ込む愛好家のことです。国境なんて関係ない。国籍とかも意識せずに、彼らはオタクという価値観でつながっているのです。

たとえば、国際化と言いながら、日本社会がその壁を超えられずに停滞しているなかで、日本のオタクたちの方がよっぽど軽やかに、オタク文化を通して壁を乗り越えて飛躍していると感じるのです。他人としゃべるのが下手なので、よく「コミュ障（コミュニケーション障害）」とか言われますが、オタクの子たちの方がずっと世界への発信力がありま す。

日本政府も「日本を表現し、発信していくのにいいじゃん」ということで、オタク文化の勢いに乗っかった形で、クール・ジャパンとか「カワイイ」文化とかを推進していると私は見ています。

ヒジャブ・コスプレのネット・コミュニティはおよそ一〇〇〇人ぐらいですが、どんどん増えています。

二〇一七年には、マレーシア・クアラルンプールのモールで、「JAPAN　OTAKU　MATSURI（ジャパン・オタク・マツリ）」が開催され（97ページの写真）、ヒジャブ・コスプレに世界のコスプレイヤーたちから注目が集まりました。世界のコスプレイヤーが、コスプレでつながっているのですね。

話は脱線しますが、二〇一三年にジーパンをめぐる騒動が起きたことがあります。イスラエルのベンヤミン・ネタニヤフ首相が、イギリスBBCのペルシャ語放送のインタビューで「イランの人々に自由があるなら、彼らはジーンズを着用し、欧米の音楽を聴くだろう」と述べました。イランには、ジーパンを穿く自由すらないと非難したわけです。

バカにされたと思ったイランの若者たちは、ジーパンを穿いている姿の写真を#（ハッシュタグ）を付けてSNSで公開するという運動を展開しました。

イランはアメリカとの関係で経済制裁を受けることがよくあるので、アメリカの文化があまり入っていないと誤解されています。でも、実際にはアメリカンスタイルもちゃんと入っていて、若者たちは「ジーンズ穿いているんですけど」「禁止なんかされてないんですけど」って発信したわけです。

そのときの写真を見ると、イランの若い女性にはオシャレな子も多く、ジーンズを穿いている子が普通にいることがわかります。「イエーイッ」「どうだい。カッコいいだろ」とピースサインをする若者たちのキラキラした表情が印象的でした。

エジプトでもコスプレのイベントが

オタク・マツリみたいなイベントは最近、エジプトでも行なわれています。コミケ（コミック・マーケット）やコスプレ・イベントも兼ねたものです。「エジコン」と呼ばれるこのイベントは、カイロ大学など何カ所かを会場に、二〇一三年から毎年開かれています。年々、参加者も増え、規模も大きくなっています。

毎年、有名な日本人のカリスマ・コスプレイヤーが何人か招待されるのですが、イベントに参加したついでにピラミッドの前で写真を撮るのは日本人コスプレイヤーの恒例になっているようです。招待されたコスプレイヤーのひとり、麗華（ＲＥＩＫＡ）さんは自身のツイッターでその様子を紹介していたのですが、ピラミッドをバックに馬に乗って撮った写真がとてもエキゾチックでした（左ページ）。そのツイートには「いいね」が一万三〇

有名コスプレイヤー、麗華さん。オジマンディアス（古代エジプトのファラオ、ラムセス２世のギリシャ語の呼称で、ゲーム「Fate／Grand Order」のキャラクター）に扮してエジプトで撮影

写真／Yasser Hamza Photography

〇〇も付いていました。

カイロ大学では、キャンパス内に作ったステージでイベントが行なわれます。二〇一八年のエジコンでは四〇〇〇人が集まりました。アニメ、マンガ、ゲーム、コスプレなど日本発のポップ・カルチャーが全部、集結した祭典なのです。

日本のアニメやゲームには、胸をバーンと出した女性キャラクターなど、イスラム社会ではタブー視されるような肌の露出があります。だから、エジコンではヒジャブ・コスプレだけでなく、衣裳を長袖にするなど、参加者たちは露出を抑える工夫をしながら好きなキャラクターのコスプレを楽しんでいます。

私の妹は、エジプトの大学で日本語を教えていますが、彼女が教鞭《きょうべん》を執《と》っている大学でも、日本語学科の学生たちを中心にさまざまな日本関連のイベントが開催されています。たとえば折り紙を折るだけでも、立派なイベントになります。妹の子どもの学校でも、寿司を作るイベントが行なわれました。

UAEのドバイでは、コミコンが開かれています。これは、ゴールデン・ステート・コミック・ブック・コンベンションの略称で、日本で言うコミケに当たります。開催期間は、三日間です。

このコミコンに出されたマンガを見ると、セリフがアラビア語で、横書きで右から書かれています。イラストやマンガのタッチは日本のものとまったく変わりませんが、これらはイスラムの若者たちによる作品なのです。

ポケモンが禁止になった

二〇一六年に「ポケモンGO《ゴー》」が世界で大流行しました。ポケモンGOは、スマホを使って現実世界を舞台にポケモン（ポケットモンスター）を捕《つか》まえたり、交換したり、バトルしたりする体験ができるゲームです。

このとき、サウジアラビアの聖職者団体がウェブを通じて「ポケモンGOは使用禁止」というファトワ（見解）を出したと、読売新聞が報じました。

ところが、その直後にロイター通信がこれを否定する記事を出しました。実は、ポケモンGOを禁止するファトワは出されていなかったのです。読売新聞の記事は、誤報でした。

なぜ、こんなことが起きたかというと、サウジアラビアの聖職者団体は二〇〇一年に宗教令を出して、ポケモンカードゲームをハラーム（禁じられる）だとして禁止したことがあるからです。その流れで、ポケモンGOも禁止されるのではないかという憶測があったために、きちんと確認せずに記事が報じられてしまったのではないかと思います。

ポケモンカードゲームには、禁止された理由がありました。

ひとつは、ポケモンたちが進化するからです。たとえば、主人公であるサトシの相棒であるピカチュウは、ライチュウに進化します。そうやって、キャラクターたちがみんな進化するのです。

実はイスラムでは、アッラーがすべての生物を現在の姿で創造しているので、進化論を否定しています。多くの宗教がそうですが、人間がサルから進化したことも強く否定しています。だから、進化するというストーリー自体がハラームだとしているわけです。

ふたつめは、博打《ばくち》の要素があるからです。サトシが出てきてコイン投げをして、ウラかオモテかで効果を定めるカードがあるのですが、それが博打に当たると判断されたのです。

三つめは、異教徒の要素があることです。ポケモンカードのなかには、ユダヤ教のシンボルマークであるダビデの星に似たものや、秘密結社であるフリーメイソンのシンボルマークとされる「プロビデンスの目」に似たものが含まれています。

こうしてポケモンのカードゲームは禁止されましたが、サウジアラビアではピカチュウの縫《ぬ》いぐるみを売っているそうですから、人気はあるようです。

ちなみにイスラムの国で販売されている「ヴォーグ」「エル」などの輸入ファッション雑誌は、誌面に登場する女性モデルの肌を塗りつぶして売っています。私は帰国した際によく買うのですが、一瞬そういう服を着ているのかと思ってよく見たら塗りつぶしてあるので、面白いですよね。

ゲームやアニメに関連して言うと、もちろん日本のアニメは人気がありますが、イスラム圏でもっとも人気があったのは、ＮＨＫの連続テレビドラマ「おしん」でした。主人公の少女おしんが黒髪の少女で、手にあかぎれを作って家族を支える健気《けなげ》な生き方がすばらしいと絶賛されていました。

日本では一九八三年から八四年にかけて放送され、平均視聴率五二・六パーセントを記録。その後、シンガポール（八四年）を皮切りに、世界八〇以上の国と地域で放送されてきました。エジプトでの放送は一九九三年です。イランでは最高視聴率が、なんと九〇パーセント！　二〇一三年には上戸彩《うえとあや》さんが、おしんの母親役で出演した映画が公開されて、話題になっています。

おしんに憧れて「日本人女性と結婚したい」と来日するムスリムもいました。今から二〇年以上前のことです。でもそのころといえば、金髪でガングロのコギャルが「カレシが～」なんて言いながら渋谷の街をぶらついている時代でしたから、きっと「おしんはどこにいるんだ」って啞然としたことでしょう。ムスリム男性が思い描く、あの「おしん」のような日本女性は、どこに行ってしまったのでしょう（笑）。

博打《ばくち》が禁止されているのに競馬？

ドバイのコミコンについて少し触れましたが、ドバイの競馬についても紹介しておきましょう。まず、アラビア半島はアラブ馬と呼ばれる名馬がいるぐらいで、すぐれた馬の生産地なのです。

なかでも、世界的に有名なのがドバイ・ワールドカップです。世界最高の賞金額を出すことで、よく知られています。世界中から競馬の関係者やファンが集まり、開催期間中には有名な歌手のコンサートが行なわれたり、ファッションショーが開かれたりします。

ただ、ＵＡＥはイスラムの国なので、賭け事は禁止されていて馬券は発売されていません。「でも競馬はギャンブルでしょう？」と不思議に思うかもしれませんが、日本を含めた非イスラムの国々で馬券が発売され、売り上げはＵＡＥの収入源になっています。そういうカラクリがあるのです。

国内では馬券の代わりに、くじが販売されています。当選すると、賞金をはじめ自動車などの豪華な賞品が当たります。賞金は、王族が出しています。

なぜ、ドバイで競馬が行なわれるようになったかというと、ＵＡＥの王族がイギリスに留学中、ヨーロッパの競馬文化に出会ったのがきっかけでした。王族たちは幼少期から馬に乗っているので、もともと馬には関心がありました。それで、帰国してから自国でも競馬を開催するようになったのです。

ＵＡＥはサウジアラビアと違って小国です。産油国だからお金は持っていますが、いつか石油が枯渇《こかつ》したら衰退するのは目に見えています。だから、石油がなくなったらどうするかを真剣に考えていて、観光に力を入れています。競馬も観光客を呼び込むひとつのツールになっているのです。

イスラムの女性は、なぜ日本の忍者が好きなのか

イスラムと相性がいいものと言えば、ムスリムの間で人気を呼んでいる日本のカルチャーがあります。

それが、ニンジャ（忍者）です。イランではニンジャ・ブームが起きています。イランにはニンジャに憧れるムスリマもいて、女性を対象にした忍術教室も開催されています。その背景には、忍者であるうずまきナルトが主人公のマンガ「ＮＡＲＵＴＯ―ナルト―」

の影響もあるようです。

頭から体をすっぽり隠すニンジャの衣裳はイスラムと相性がよく、ムスリマが受け入れやすいファッションです。ただし、ムスリマたちは単にコスプレをしているのではなく、本格的にニンジャになるべく鍛錬《たんれん》をしています。

忍術教室のなかには二五年以上の歴史を持っているところもあり、弓・刀・ヌンチャク・手裏剣《しゅりけん》などを使って修行をしています。イランの軍隊では、ニンジャ部隊を作ろうとしているという、まことしやかな噂もあるぐらいです。ただし、現地で忍術を教える指導者たちは、伊賀《いが》や甲賀《こうか》の忍者の末裔《まつえい》といった日本人から忍術を学んだわけではなく、我流のようです。

とはいえ、忍耐力や寛容さ、謙虚さ、不屈の精神などが、イスラムの教えに合致することも相性がいいポイントです。護身術として学んでいる女性もいますが、心身をリラックスさせて自分と向き合うことに魅力を感じている女性もいるようです。

私が小さいころ、エジプトに行ったときはカンフー・ブームでした。たぶんジャッキー・チェンの影響です。私が日本から来たと言ったら、「ジャッキー・チェンの国でしょ」

イランの忍術道場で練習するムスリマたち。撮影時点（2012年）で3,000人以上の女性が忍術の訓練を受けていた

写真／AFP＝時事

と言われました。当時はまだ香港《ホンコン》も日本もゴッチャだったのです。しかも、日本人はみなカンフーができると思っていて、こっちは「いや、できないから」と言っているのに、いきなりカンフー・ポーズを構えられたりしました。

最近は、剣道を学ぶムスリマも現われています。

実は私も中学時代、剣道部だったのですが、面を被り、胴衣を着て肌を隠します。剣道は、この点においてムスリムに受け入れられやすいのでしょう。

イスラム圏には親日家が多く、サムライ精神とか武道とかが好まれます。いたぶって殺したりせず、敵も尊重するサムライ・スピリッツは、本来のイスラムの教えに通じるところがあるからでしょう。

一九八四年のロサンゼルス・オリンピックのとき、柔道の男子無差別級で金メダルを取った山下泰裕《やましたやすひろ》選手と決勝で戦って、銀メダリストになったモハメド・ラシュワンというエジプト人の名選手がいます。エジプトでは、今でも人気があります。ラシュワンは日本人女性と結婚し、柔道の指導者としてエジプトで柔道を教え、柔道の精神を広めるのに貢献しました。柔道の国際大会がエジプトで開催されることが多いのも、彼がいるからかもしれません。

戦前の日本は、これほどイスラムを研究していた

日本は戦前からイスラムとのつながりを持ち、今よりずっとイスラムの研究をしていました。そのことに、少しだけ触れておきたいと思います。

明治時代末期の一九〇四年、日本は超大国ロシアと戦いました。この日露戦争でからくも勝利したものの、ロシアの強大さを知った日本の陸軍は、ロシア国内のトルコ系ムスリ

ムに注目しました。ロシアを国内から揺さぶるため、イスラム工作を始めたのです。

一九〇九年には、ロシア出身のトルコ系ムスリムで、世界的に知られたイスラムの活動家、アブデュルレシト・イブラヒムを日本に招いています。イブラヒムは後に、東京初のモスクとして開設された東京回教礼拝堂《かいきょう》（今の東京ジャーミイ）の初代代表イマーム（宗教指導者）になりました。回教というのはイスラム教の中国名です。回はウイグル人のことで、ウイグル人がイスラム教を信仰していたので、回教となったのです。

大正時代、一九一七年にロシア革命が起きると、ロシア国内のトルコ系ムスリムたちが日本に逃れてくるようになりました。そのなかのひとり、バシキール人（今のロシア連邦・バシコルトスタン共和国に住む民族）の指導者だったムハンマド・クルバンガリーを中心に東京回教団が設立されました。

昭和時代に入ると、日本は中国に進出し、一九三一年に満州事変が勃発。一九三七年には日中戦争が始まります。日本の軍部はこの間、中国でもイスラム工作を進めました。

一九三八年には、イスラムの研究組織である大日本回教協会が設立されました。会長には前内閣総理大臣で陸軍大将の林銑十郎《はやしせんじゅうろう》、総務部長に防共回廊を立案した松室孝良《まつむろたかよし》が就任しました。

関岡英之《せきおかひでゆき》著『帝国陸軍　見果てぬ防共回廊』（祥伝社）などによると、防共回廊というのは日本と満州国、モンゴル、回教国（ウイグル）、チベットを結ぶ地政学的な回廊で中国をぐるりと包囲し、共産主義の拡大を防ぐというものです。

第二次世界大戦が始まった一九三九年、大日本回教協会が東京回教団と共催で、東京や大阪のデパートを会場に回教圏展覧会を開催すると、多数の入場者で賑《にぎ》わいました。また、中国や満州、アフガニスタン、イエメンなどから使節団が来日し、東京で世界回教徒大会が開かれています。

アメリカは当時、石油や鉄鉱石など資源の輸入制限によって日本を封じ込めようとしていましたが、これに対して日本はアジアのイスラム圏からの輸入拡大を図ることで対抗しようとしていました。

また、一九三八年には外務省や陸軍参謀本部、満州鉄道の共同出資によって東亜経済調査局付属研究所という組織も設立されました。戦前の日本で、軍部に影響を与えた思想家に大川周明《おおかわしゅうめい》という人がいますが、この組織を大川周明が開いたので通称「大川塾」と呼ばれます。

この塾ではアラビア語やペルシャ語をはじめ、イスラムの研究が行なわれ、戦後、イスラム学の世界的権威となる井筒俊彦《いづつとしひこ》らが講師を務めています。

大川周明自身も精力的にイスラムの研究を行ない、『回教概論』を執筆するとともに自分の塾でもイスラムについて教えました。大東亜共栄圏を掲げて、日本がアジアを解放しようという流れのなかで、イスラムもアジアの同胞だという認識があったのです。

戦後、大川は民間人唯一のA級戦犯として極東国際軍事裁判（東京裁判）に、パジャマ姿で下駄《げた》を履《は》いて出廷したり、前に座っていた東條英機《とうじょうひでき》の頭を叩いたりして米軍病院に入院させられました。結局、判決を受けずに亡くなるまで自宅で過ごしました。

戦後の日本は、石油の輸入を通じて中東諸国との関係を深めてきました。それこそ「アラビア石油」という名前の日本企業があったぐらいです。でも、戦前のようなイスラムの研究は行なわれず、国民のイスラムに対する関心も低い時代が続いたのです。

東京ジャーミイ

東京・渋谷区の代々木上原《よよぎうえはら》にある東京ジャーミイは、日本で一番大きなモスクです。トルコの首都イスタンブールにあるブルーモスクのような、オスマントルコ時代の壮麗なモスクを再現したもので、二〇〇〇年に開設されました。幾何学模様のデザインが美しく、海外旅行をした気分になります。

すでに触れたように、前身の東京回教礼拝堂が建てられたのは一九三八年のことです。その二〇年前にロシア革命が起こり、ロシア国内のムスリムたちは中国経由で日本に逃げてきました。そのうち、トルコ系民族であるタタール人のムスリムがたまたま渋谷区内に住み着き、礼拝をするために建てたのが東京回教礼拝堂です。

建築を引き受けたのは石川県の宮大工さんたちでしたが、日本の神社と建築方法がまったく違っていたので、建てるのは大変だったようです。ドーム型の屋根からの雨漏りがひどく、一九八六年には取り壊されてしまいました。その跡地は、モスク再建を条件にトルコ共和国に寄付されました。

このため、トルコ政府は寄付を集め、モスクを再建する計画を進めました。基礎工事とドームの製作は鹿島建設が請け負いました。モスクの外壁は、トルコの職人がトルコから取り寄せた石を積み上げました。外装や内装もトルコから装飾タイルやカリグラフィーの職人たちがやってきて、多いときには一〇〇人がかりで作ったといいます。カリグラフィ

東京ジャーミイにて。フィフィのヒジャブ姿、珍しいでしょ

ーとは、コーランの一節を美しいアラビア文字の書体で描く装飾のことです。

新しいモスクは、鉄筋コンクリート造りの二階建てで、敷地面積は七三四平方メートルもあります。

二階が礼拝堂で、その上に女性専用の礼拝堂があります。手や足を洗う場所も男女別々です。一階は文化センターで、イベントが行なわれる多目的ホールがあるほか、伝統的なトルコ民家の応接間が再現され、おみやげのグッズも販売されています。

礼拝堂では、聖地であるメッカの方角に向かって横一列に整列し、お祈りをします。横一列には意味があり、民族や人種、貧富の差を超えて、人間が神の前に平等であることを示しています。トルコのレジェップ・エルドアン大統領や、ボクシングの世界ヘビー級チャンピオンだったアメリカのモハメド・アリが来日して集団礼拝に来たときも、特別な席はありませんでした。

イマームはトルコ人ですが、説教はトルコ語と英語で行なわれ、日本語でも読み上げられます。

誰でもモスクのなかを見学できます。二〇一四年からは毎週土曜日と日曜日の午後、一般の日本人を対象にした無料の見学ツアーを実施しています。日本人ムスリムで東京ジャーミイ広報担当の下山茂《しもやましげる》さんらが、モスクの建築やイスラム文化のことを説明してくれるだけでなく、ムスリムたちが礼拝するのも見学できます。ただし、女性の場合、貸してもらったヒジャブを被る必要があります。

もし日本でイスラムを体験したかったら、一度、東京ジャーミイを訪ねてみることをお勧めします。

第四章

知れば知るほど深いイスラム世界

「イスラム」と「アラブ」は違います

日本人のなかには、イスラムとアラブがゴッチャになってしまっている人もいますね。イスラムとアラブの違いってわかりますか？

アラブというのは、アラブ人が住む地域のことです。アラブ人は、アラビア語を話す人のことです。

だからアラブとは、けっこう広範囲なのです。まずアラビア半島全域ですね。それから、イラク、シリア、レバノン、パレスチナ、ヨルダン。そして、アフリカではエジプト、スーダン、リビア、アルジェリア、チュニジア、モロッコ、モーリタニアです。

一方、中東であっても、イスラエルはヘブライ語、イランはペルシャ語を話すのでアラブではありません。また、中東以外では、トルコはトルコ語、アフガニスタンの公用語はパシュトゥー語とペルシャ語系のダリー語なのでアラブではありません。インドネシアをはじめ、パキスタン、インド、マレーシアなどアジアのイスラム圏も違います。

イスラム圏というのは、イスラム教徒が住む地域です。日本人でたまに「イスラム人」と言う人がいますが、イスラム人というのは存在しません。「イスラム教徒の人」か、「ムスリム」、女性の場合は「ムスリマ」と呼びます。

イスラム教の聖典であるコーランは、アラビア語でしか書かれていません。各国語の翻訳がありますが、お祈りのときはすべてアラビア語です。預言者ムハンマドがアッラーから受けた啓示を、口で伝えて信者に教えたものを文書化したのがコーランです。ムハンマドが生きていたころのサウジアラビア地方で書かれたので、アラビア語なのです。

しかも、口語ではなくて文語です。アラビア語でフスハー（文語）と言いますが、アラブ諸国では国会や国際会議など公式な場ではフスハーが使われます。テレビのニュース番組で、ニュースキャスターはフスハーでしゃべります。義務教育もフスハーです。話し言葉は口語ですが、書き言葉はフスハーで学びます。

アラブは二五カ国とふたつの地域からなるのですが、フスハーが共通語になります。フスハーを通して、アラブ人はお互いに理解し合えるのです。ただ、フスハーはすごく文法が難しくて、世界でもっとも難しい言語のひとつと言われています。

それぞれの国では、アーンミーヤと呼ばれる方言が使われています。教育を受けていないために、方言しかわからない人もいます。

アジアのムスリムたちの多くは、アラビア語の読み書きまではできません。でも、敬虔なムスリムが多いので、コーランをアラビア語の音で覚えて詠唱します。内容は、自国語への翻訳で学びます。あいさつは、アラビア語のアッサラーム・アレイクム（あなたに平安が訪れますように）です。アラビア語圏ではない国のムスリムも、ムスリムどうしだと、このアラビア語のあいさつをします。

アラビア語のフスハーにもっとも近いのが、サウジアラビアのアーンミーヤです。ムハンマドが啓示を受けた地元だけあって、このサウジアラビア語がフスハーの基本になっています。

アメリカに留学していたとき、サウジアラビアから来ていた留学生とアラビア語で話したら、何か訛《なま》っているのです。それで「あなた、ちょっとナマってんね」とか言ったら、「ハア〜ッ？　こっちが正しいアラビア語だけど」って言われちゃいました。知らなかったのですが、私が使っていたアラビア語の方が訛っていたのです。お父さんたちがしゃべるアラビア語は、エジプトのアーンミーヤでした。

ただし、エジプトはニュース報道や映画、音楽の製作などをしているイスラム圏の情報発信基地なので、エジプトのアーンミーヤはアラブ圏では比較的に通じます。日本人の多くが日ごろからテレビで吉本《よしもと》の芸人さんたちの漫才を見ているため、関西弁を理解できるような感じです。

エジプトは、映画が盛んな国でもあります。そこで、エジプトを中心にイスラムの映画について述べてみたいと思います。

エジプトは映画大国

二〇一八年三月、東京でイスラム映画祭が開かれました。映画を通じてイスラムを知ってもらおうと二〇一五年から開催されているもので、二〇一八年の映画祭では、パレスチナやイラン、シリアなどの映画、一三の作品が上映されました。

イスラム映画祭のホームページには「メディアが伝えるネガティブなイメージによって、日本はますますイスラムとの溝《みぞ》を広げている。だから、パレスチナやイラン、インドなどの作品を見て、イスラムの文化や人々の価値観に触れてほしい」と、日本で映画祭を開く目的が書かれています。

イスラムの映画についてては、私もよくツイートするのですが、そうすると、「うちの地域でもやってほしいのに」という返信がたくさん返ってきます。イスラム映画祭は東京や神戸、名古屋など大都市でしか開催されないのですが、実際にはもっと多くの日本人ファンが見たがっているのかもしれないですね。

イスラム圏でもっとも映画が盛んなのが、エジプトです。エジプトは映画大国で、その映画製作数はアラブで第一位です。アラブで製作される映画総数の三分の一を占めています。

エジプトの映画には、一三二年の歴史があります。フランスで初めて映画が作られたのと同時期にフランス映画が紹介され、エジプトでも映画の歴史を刻み始めました。このときから、映画はエジプト人の生活に入り込み、欠かせない娯楽のひとつとなったのです。

私もエジプトで映画館に行ったことがありますが、日本の映画と比べて料金がかなり安いです。また、笑う場面では大きな声でゲラゲラ笑うなど、観客のリアクションが日本の映画館とまったく違いました。エジプト人は、しょっちゅう映画を見に行きます。日常会話でも「あの映画見た」「この映画見た」というように、映画を話題にすることが多いのです。

エジプト人の映画監督によって製作される映画も、たくさんあります。かつては階級を超えた男女の恋愛や、エジプトの置かれた困難な政治状況、イギリス占領下のエジプトや農村地域の支配構造など、社会的なテーマを取り上げた作品が目立ちました。

エジプト人は教育水準が高くてインテリが多く、単なる娯楽というよりは、その時代の課題を浮き彫りにして、解決の糸口を示すような映画づくりに挑戦していたのだと思います。そのあたりが、エンターテインメント性が強いハリウッド映画との違いです。

全体として見ると、かつては支配階級やお金持ちの生活や生き方を題材にした短編が多かったのですが、その後、庶民の生活を題材にした長編が主流になっていきました。

最近は、個人の自由を抑えようとする政治や社会に抵抗する姿や、女性の声を代弁している作品が目立ちます。

映画大国であることもあって、エジプトでは映画俳優の地位が高いです。トップスターは国賓《こくひん》級の扱いを受け、豪華な生活をしています。アラブ全体が映画のマーケットですから、俳優が稼ぐ報酬も半端《はんぱ》じゃない額なのです。

ただ、日本やアメリカと違うのは、俳優から政治家に打って出る人がほとんどいない点です。アメリカには第四十代大統領になったロナルド・レーガンや、カリフォルニア州知事を務めたアーノルド・シュワルツェネッガーらがいますね。日本でも俳優から国会議員になった扇《おうぎ》千景《ちかげ》さんや三原《みはら》じゅん子《こ》さん、千葉県知事になった森田健作《もりたけんさく》さんらがいます。森田さんは、私が所属している事務所の先輩に当たります。

また、日本ではアイドルやモデルがいきなり映画に出るケースがけっこうありますが、エジプトではありません。エジプトの俳優には、演劇の基礎を習得していることが求められるからです。俳優になると演技と研鑽《けんさん》を積み重ねて、厳しい映画界で上り詰めていくというイメージです。報酬も莫大《ばくだい》ですから、プロフェッショナルとして認められることで、俳優としてずっと生きていく道を選ぶ人が多いのです。

ハリウッドの影響

映画の製作を志《こころざ》すエジプト人には、心から映画が好きだという人が多いです。そういった情熱のある若者たちは、欧米に留学して映画製作を学びます。

最近はエジプトに帰国せず、留学先の欧米に留まって映画製作に従事する人も増えています。欧米の映画のエンドロールを見ていると、アラブ系の名前をたくさん見かけるようになりました。

ただ、その影響で、彼らの表現方法や撮影の仕方などが欧米、とりわけアメリカの映画に似てきてしまっています。なかには「これ、エジプト人の作った映画？」と思うほど、ハリウッドナイズされた撮り方をしている映画もあります。

エジプト人監督の作る多くの映画だけでなく、フランス映画や日本の北野《きたの》武《たけし》監督の映画などは、ハリウッド的ではない独特の撮り方をしています。ところが、欧米で学んだエジプト人監督たちは、仕方のないことですが欧米のメソッドにはまってしまう傾向があるようです。

私が見た限りでは、どちらかというと社会に向けたメッセージ性が強かった作品から、エンターテインメント性の強い作品や、若者世代に特有のテーマを扱った作品などへシフトしているように感じます。それがハリウッドナイズという意味です。そういう作品はエジプト映画の伝統からは外れていますが、海外で評価されやすいのです。

アラブの映画はこれまで、欧米ではあまり評価されませんでした。次第にヨーロッパの映画祭ではいろいろな賞を受賞するようになりましたが、実はアカデミー賞の外国語映画賞部門ではこれまで一度も受賞していません。レバノンとヨルダンの二作品がノミネートされたことがあるだけです。

ハリウッドは、このあたりは徹底しています。その背景に、アメリカが支援するイスラエルとアラブ諸国との対立があるように思います。念のため簡単に説明すると、一九四八年、中東パレスチナの地にユダヤ人の国家であるイスラエルが建国されました。そのためその地域に住んでいたパレスチナ人たちは土地を追われ、難民化します。宗教の点においてパレスチナと同胞であるアラブ諸国はイスラエルと敵対し、戦争も起きました。これがパレスチナ問題です。ハリウッドはやはりユダヤ系の人たちが仕切っていますから、パレスチナ問題は、本来であれば取り上げるべき問題であるにもかかわらず、それがタブー視されているのです。

私の夫は、前に述べたように、フロリダ州立大学の映画学部で映画を学びました。この映画学部は外国人として入るのが難しく、映画を志す留学生の憧れだそうで、夫はこの学部を卒業した初めての日本人です。卒業後は、映画「スター・ウォーズ」のサウンド担当だった人のもとで勉強しました。

その夫から「ハリウッドで賞を取るためには、頭に皿をのっけてなきゃいけない」との皮肉を聞いたことがあります。皿とは、キッパというユダヤ人が被る小さな帽子のことです。アメリカのトランプ大統領もイスラエルを訪問したとき（二〇一七年五月）、エルサレムにあるユダヤ教の聖地「嘆きの壁」の前で黒いキッパを頭に載《の》せていました。

たとえば、スティーブン・スピルバーグ監督の映画「シンドラーのリスト」は、アカデミー賞を取りました。ドイツ人実業家であるオスカー・シンドラーが、自らが経営する軍需工場に必要な労働力だと主張して、一〇〇〇人以上のポーランド系ユダヤ人を収容所送りから救った実話を映画化した作品です。

ユダヤ人にとっての英雄を描いた「シンドラーのリスト」は賞を取れるけども、パレスチナ人の悲劇を描いた作品は賞を取れないどころか、ノミネートすらされないのです。

映画でイスラムを知る

映画大国のエジプトですが、製作本数は減少傾向にあります。なぜかと言うと、産油国を中心にしたアラブ諸国からの投資が減っているからです。産油国が原油から得る収入が減っているため、なかなか映画への投資にまで資金が回らないのです。

また、海賊版の横行も大きな原因です。映画館に行かなくても、ネットで映画をただで観《み》ることもできてしまいます。取り締まりも、ほとんどありません。そうなると、わざわざお金を出して映画館に観に行きませんから、興行収入がガタッと減ってしまうわけです。

さらに、テレビのドラマやネットによる配信番組など、新しい流れに勝てなくなっていることも挙げられます。

映画というのは巨額な資本を必要とする投資産業ですから、観客が動員できなければ投資した資金の回収ができません。テレビの場合、スポンサーを確保すればドラマを作り放送することができますが、映画は作ったとしても、どのくらい観客を動員できるかわかりません。不入りで大赤字とか、興業主が見つからずにお蔵入《くらい》りということもあります。だから、映画でなくてテレビドラマの製作を選ぶ若者が増えてきているのです。

夫が帰国した時期も、日本の映画界は氷河期でした。映画会社に就職しても、満足に生活できない公算が高かったのです。だから、彼は映画作りを諦めてテレビ番組を製作する道に進みました。

アラブの映画は、国際的なマーケットを視野に製作されることが多いです。国際マーケットというのはアラブ諸国を意味することもあるし、欧米のアラブ人街まで視野に入れる場合もあります。

エジプトやチュニジアでは、欧米の映画産業を誘致するために、政府が国内に巨大なスタジオを建設しています。海外で製作される映画に対してスタジオやロケ地、エキストラなどを提供することで金儲けをしようという政府の動きが出ているのです。

あるいは、アラブの資本を欧米の映画産業に投資する動きもあります。イギリスの故ダイアナ皇太子妃の恋人とされたエジプト人資産家のドディ・アルファイドは、イギリスのヒュー・ハドソン監督の作品で、アカデミー賞作品賞を受賞した映画「炎のランナー」に投資したことで有名です。

ではアラブ映画を観たい日本人は、どうすればいいでしょう。インターネット上にある違法な海賊版をダウンロードして観ることはできますが、これはお勧めしたくないですね。実際、そういう方法でアラブ映画やアラブのドラマを観ている人たちは多いと思いますが。

一番よいのは、アラブ諸国を旅したとき、現地でDVDを買ってきて観るとか、イスラムの映画祭に行って観ることですね。テレビでアラブの映画が放映されることは、めったにありませんから、なかなか観たくても観られないのが実情です。

ただ、ムスリムにとって人生観の基礎となるイスラム教の世界やイスラム教の価値観を知るためには、映画を観ることがもっとも入りやすい入口だと私は思います。観てもらえばわかりますが、観客をイスラムに洗脳するようなプロパガンダはほとんどありません。日本映画と同じように、不倫や恋愛といったテーマやエンターテインメントなどが多いです。

映画を通して、ムスリムの暮らしや文化、イスラムの価値観や宗教観を知ってもらえたらいいなと願っています。

すぐれた表現は制約から生まれる

ここでアラブ映画をいくつか紹介します。たとえばヨーロッパで話題になった、イランの女性が監督した作品があります。

イランではラブシーンの表現が厳しいので、この監督は脚の部分だけでラブシーンを描きました。男性と女性がどんどん近づいて、絡《から》んで交《ま》じり合うところを、脚だけで表現しているわけです。このシーンは、世界中の映画関係者の度肝《どぎも》を抜きました。

表現というのは、制約があるからこそ新しい工夫が生まれる。それが私の持論です。ロシアや中国で優れた映画が生まれているのも、表現に対して政府の締めつけが強いからだと思います。

逆に、まっさらなキャンバスをポンと渡されて「何か描いて表現して」と言われても、途方にくれてしまいます。「何を描く？　どんな色で？　いつまでに？」とか、いろいろ聞きたくなるのが人情です。

映画はその国の時代背景も映し出します。

昔のエジプト映画を観ると、ミニスカートを穿いた女性が出てくるのです。うちのお母さんが若いころの作品で、お母さんも当時ミニスカートを穿いていました。エジプトでは、女性が肌を隠さない時代があったのです。政治による宗教への締めつけが強く、宗教というものが弱い時代だったと思います。

そういう政府による締めつけに反発して、ヒジャブを着ける女性が増えてきたのが最近の傾向です。

ここで特にお勧めしたいのは、「キャラメル」というレバノン映画です。日本では、二〇〇九年に公開されました。

ベイルートのヘアサロンを舞台に、不倫や結婚、同性愛などアラブ女性の生き方を描いた映画です。レバノン人女性のナディーン・ラバキーという映画監督の作品で、ナディーンさんが主演もしています。

主人公は、美容師の女性です。アラブの美容室では、全身脱毛もしています。後に詳しく述べますが、全身脱毛をするときにキャラメル（アラビア語で『ハラーワ』）を使うところから、映画のタイトルが「キャラメル」になっています。「イスラムの女性たちは肌を隠しているのに、脱毛する必要あるの？」と疑問を持つ人も多いでしょう。そういう意外な一面が、映画からわかったりするのです。

DVD
街の小さなエステサロン
ここは、美しさよりも
大切なものが見つかる場所
監督・主演・脚本 ナディーン・ラバキー
キャラメル

映画「キャラメル」は世界一三〇カ国で公開され、高い評価を得た。現在はＤＶＤで視聴できる
（発売：オンリー・ハーツ）

映画のなかで、主人公は既婚者の男性と不倫の関係にありますが、たまたま、お客さんの女性が不倫相手の男性の妻であることに気づきます。

キャラメルを使った脱毛は剝《は》がすときに痛いのですが、この作品では不倫相手の妻への嫉妬心から、キャラメルをベリッと思いっきり剝がすシーンがあります。いつもと違って、あまりに手荒なので、その妻が「痛いッ。そんなに強くやったら痛いじゃない！」って叫びます。そういう心理描写が、とても巧妙だと思います。

また、興味深いのが、結婚前に処女を捨ててしまった女性どうしが会話するシーンです。

「私、処女じゃないんだけど、どうしよう」「結婚したら、きっとバレるよ。バレたら怒られる」から始まり、「処女膜って復元できるらしいよ」「じゃあ、産婦人科で再生してもらおう」という話になり、「そんなこと、無理だよ」「じゃあ、初夜の直後に、鳩《はと》の首を切ってシーツに血を付ければいいんじゃない？」というふうに会話が展開していきます。

寝室で鳩の首を切る？　そんなの絶対にできるわけないないでしょ。鳩がバタバタします。手品じゃないんだから！

レバノンは、イスラム圏でもどちらかというと規律が緩《ゆる》い方の国ですが、厳格なムスリムの家庭では、やはり処女にこだわる男性が多いのです。とても象徴的なシーンだと思います。

アラブの映画を観ることで、ベールに包まれていたイスラムのイメージがクリアになってきます。「なんだ、同じようなことで悩んでいるんだ」「同じように不倫や恋愛をしているんだ」とわかるし、「国や時代が違えど、同じ人間なんだなあ」と思えます。

　この「キャラメル」はぜひ、多くの日本人に観てもらいたい作品のひとつです。

なぜベリーダンサーは肌を露出してもいいのか

　テレビや映画で、ベリーダンスを見たことがあると思います。激しいダンスのうえに、ダンサーの衣裳に露出が多いので「なんで、イスラムの国なのに許されるの？」と聞かれることがあります。

　ベリーダンスは、イスラム教が成立する前からアラビア半島で、砂漠の民であるベドウィンが踊っていた民族舞踊です。

　コーランには「肌の露出を最小限にしなさい」とありますが、このルールはあくまでムスリマに対するものです。イスラム法は原則として、非イスラムの人には適用しないのです。

　つまり、人前で肌を露出して踊っているベリーダンサーたちの多くは、イスラム教徒ではないということです。ペルシャ語圏であればゾロアスター教徒、エジプトだったらコプト教徒（古代のキリスト教）、レバノンやトルコならキリスト教徒の女性が踊っていることが多いです。

ちなみに、ムスリマでも親族の間では、肌の露出に制限はありません。つまり内輪《うちわ》では許されるのです。王様の前でヌーディな踊り子たちが踊っているのがベリーダンスのベタなイメージですが、血族以外の男性の出入りを禁じた後宮《こうきゅう》で踊っているので、ここも内輪になります。内輪でなら、肌を露出しても問題ないのです。

ベリーダンスの本場はエジプトやトルコで、有名なダンサーは両国に多いです。日本にもベリーダンスをする女性がいますが、「エジプト流か、トルコ流か」という会話があるぐらいで、大きく分けるとふたつの流派に分かれています。

たまにムスリマがベリーダンスを踊ることもあります。でもその場合は、肌の露出をしない服装で異なる演目を踊ります。イスラム法が国の法律であるサウジアラビアでは、非イスラムの人たちにもイスラム法が適用されますから、非イスラムのベリーダンサーであっても、肌の露出をしない服装で踊ります。

中東では俳優の社会的地位が高い一方、ベリーダンサーの地位は高くありません。

ベリーダンスはイスラム教成立以前からの民族舞踊（イスタンブールで撮影）
写真／hemis.fr／時事通信フォト

世界的に活躍するダンサーも多いのにもかかわらず、パトロンの庇護《ひご》の下《もと》で踊る人たちという偏見がいまだに残っています。彼女たちは有名かつ報酬も多いのですが、男性を楽しませる商売というイメージもあり、地位は高くないのです。

エジプトでは、実はベリーダンスを踊ることができる女性は多いです。音楽がかかったら、踊らずにいられない。でも、私のお母さんの世代は、踊ってはいけないと言われていました。人前で女性が踊るのは、はしたないと思われていたようです。だから、お母さんは「いいわねえ、あなたたちは。私の時代は踊ると怒られるから、ママは踊れないのよ」

と羨《うらや》ましがられました。

最近の特徴は、体が細くスタイルのいいベリーダンサーが多いことです。

実は、ベリーダンスはもともと、ふくよかな体型の女性が踊るダンスでした。日本ではベリーダンス・ダイエットとか言って、痩《や》せる目的でベリーダンスをする女性がいますが、ベリーダンサーというのは本来、お腹《なか》ポッコリが基本です。だって、お腹の肉をプルプル動かすのを見せるダンスですから。そもそもベリーダンスの「ベリー」とは英語で「お腹」のこと（belly）で、初めてベドウィンの踊りを見た西洋の人間が、そのお腹の動きに驚いて「お腹の踊り＝ベリーダンス」と名づけたのです。

伝統的なプロのベリーダンサーは「一日中、踊っているのに、なんであんなに太っているの？」と思うくらい、ふくよかでした。だから、最近は「ぽっちゃりダンサーがいなくなったなぁ」と少し寂しい気もします。

イスラムの国に風俗はあるの？

アラブ諸国には、公《おおやけ》には女性が男性客を接待する風俗営業のお店はありません。では、たとえばどこでベリーダンスのような妖艶《ようえん》なショーを見ることができるのでしょう。それは男性が集まる高級カフェのような店で踊るのです。あとは、高級ホテルや観光客向けのレストランなどです。

私が大学生のころですが、エジプトのカイロに行ったとき、「ベリーダンスを見たい」と言ったら、従兄弟《いとこ》が「連れて行ってやる」と、砂漠に近いハーラムと呼ばれる地域にある高級店に案内してくれました。

まだ日本円が強い時代で、一〇〇ドルぐらい両替すると分厚い札束になりました。エジプトの通貨はエジプト・ポンド（アラビア語でギニー）ですが、米ドルの方が使い勝手がいいのです。で、そのお金を持って店に入ると、蝶ネクタイを着けたボーイさんに「君たち、何しに来たの？」と聞かれました。

従兄弟が「ベリーダンスを見に来た」と答えると、そのボーイさんが「君たちじゃ、とても払えないよ」と言うのです。それで「いいえ、払えるもん。お金持っているもん」と言い返して、私は用意してあった札束を差し出したのです。すると、ボーイさんは「それじゃ無理なんだよ」と言って、困った顔をしました。

すごく高い、お金持ちだけが集まる店だったみたいです。だから、札束を出した時点で「こいつら、貧乏だ」と思われちゃった。お金持ちは現金なんか出さず、小切手にサインするか、カードで支払いますから。「ジュースだけ出すから、飲んだら帰りなさい」とボーイさんに諭《さと》されて、「はあい」と言ってスゴスゴと帰ってきました。

従兄弟の家に戻ると、彼のお父さんに「何をしてきたの?」って聞かれました。私が「ハーラムにあるお店に行ってきた」と言うと、それだけで「なんで、そんなとこへ行ったんだ」と説教されました。カイロには表立って風俗店はありませんが、非公式にはいやらしい店があるようです。場所でわかるのですね。

そこで、エジプトの若い男性はどうやって欲望を処理しているんだろうと思って、同世代の従兄弟たちに聞いてみました。

「ねえ、君たち。エジプトじゃ、女の子は結婚前にエッチしちゃいけないっていうけどさ。男の子はどうしてんの?」

そうしたら、意外な答えが返ってきました。

「あそこに未亡人が住んでいるんだよ」

「あの家には、教えてくれるお姉さんがいるんだ」

「あっちには、相手をしてくれるオバサンがいるよ」

どうやら、若い男の子の「筆おろし」をしてくれる女性がいるようなのです。だから、同じ女性にお世話になる男の子たちが複数いるようです。あくまで私が聞いた話ですが。

日本人に聞いたら「日本でも昔はそうだった」と言っていました。エジプトと同じで、日本にも「処女は守らなければいけない」という考え方があって、普通の女の子に手をつけたらマズいじゃないですか。だから、遊郭《ゆうかく》などがない地方では、面倒を見てくれるオバサンにお願いしていたようです。

ムスリマを守る窓

ここで、マシュラビーヤについて触れたいと思います。アラビア語で窓、それも木の棒を縦横ナナメに組み合わせて作った格子《こうし》窓のことです。

ブログで「アラブにおける窓の役割」というタイトルで書いたことがあります（二〇〇六年五月十五日）ので、興味のある人は読んでみてください。

欧米や日本では、肌を露出することで女性の魅力をアピールします。それに対してイスラムでは、肌をベールで覆うことによって女性の神秘を表現するという考え方に立っています。この考え方がマシュラビーヤに反映されています。

私もアラブでいろいろなマシュラビーヤを見ていますが、まず、格子になっていることで家のなかから見える街の景観を引き立たせていることがわかります。外から室内に入ってくる光を和《やわ》らげる遮光カーテンのような役割もしています。

マシュラビーヤが不思議なのは、外からは部屋のなかが見えないのですが、部屋のなかからは外がよく見えることです。女性たちは家のなかではベールを被っていませんから、マシュラビーヤは外部からの干渉《かんしょう》を避け、ふだん家のなかで生活している女性の安全に役立っているわけです。つまりアラブにおける窓は、女性を危険から遠ざけ、心地よい環境を作るための窓だったのです。

「女性が家にいるとき、快適に過ごせるように」というのがイスラムの考え方であり、イスラム建築の特徴でもあります。

カイロは郊外に行くと一軒家が建っていますが、都心はビルが林立してマンションやア

マシュラビーヤ（格子窓）の持つ機能とは？　写真／PIXTA

パートなどの集合住宅がほとんどです。

アパートに住む女性が窓から紐《ひも》で吊るした籠《かご》を地上までソロソロと降ろして、ドアマンにお使いを頼むのが、カイロの古くからの慣わしになっています。映画でよく見る光景ですね。そうやって、自分で買い物に行かない女性もいるのです。面倒臭がりというよりは、外部との接触を避けるというイスラムの考え方によるものです。

日本人のなかには、女性と男性を区別すること自体を差別と思っている人も多いかもしれませんが、イスラムの教えでは性差は否めない事実なのです。**体格や体力の差から女性は危険に晒《さら》されるリスクが高いので、男女平**

等の社会を目指すならば、その性差を認めたうえで男女平等を目指さなければならない。それがイスラムの考え方です。

だから、生物学的な性差という点において、社会が女性を守る義務があるという思想が出てくるのです。性差をハンディキャップと捉《とら》えて、それを補《おぎな》ったうえでの次なるステップとして男女平等があるということです。

マシュラビーヤによって女性が閉じ込められ、閉鎖的なところで生活させられていると考えるのは間違いです。女性たちが危険から身を守り、心地よく過ごせる環境を作っているのがイスラム建築です。ヒジャブで髪の毛や肌を隠すのと同じ考え方に基づいています。

日本にも通勤ラッシュに時間帯に限った女性専用車両がありますよね。でもエジプトでは終日、女性専用車両が設けられています。

男性が乗ってトラブルを起こすケースが、日本でも起きています。ちなみにインドでは、男性が女性専用車両に乗ったら、文句を言われるだけでは終わらない。ボコボコに殴られて引きずり降ろされるそうですね。

エジプトの場合、インドほどではないですが、間違って女性専用車両に乗ってしまったら、男性は肩身の狭い思いで端っこに身を寄せ、次の駅で一目散《いちもくさん》に逃げていきます。

実はナンパ天国

ムスリマたちは第三章でご紹介したように、国や地域によって顔や素肌の隠し方に差はあるものの、頭にヒジャブを被ったり、全身を布で覆ったりします。そのため、体型がわからないどころか、顔もわからない女性もいます。

そんなムスリマたちはいったい、どうやって恋愛をするのでしょうか。

私は大学生のとき、エジプトでナンパされたことがあります。その男性は産油国の出身で、白装束の民族衣装を身に着けたイケメンでした。遊園地でデートして別れ際に、私の手のなかに紙を握らせたのです。パッと見たら、電話番号が書いてありました。

次の日に、さっそく電話をかけました。そうしたら、男性のお姉さんが電話口に出て「悪いけど、もう電話かけてこないでくれる」と言われたのです。「え〜ッ、そっちが電話番号、教えたんじゃん」と内心ムカッとしましたが、お姉さんに「あの子、許嫁《いいなずけ》がいるから」と言われ、そのまま引き下がりました。「へぇ〜、産油国には許嫁というのがあるんだ」と思いましたね。

エジプトでは恋愛結婚の方が一般的ですが、サウジアラビアなどの産油国では、お見合いや、早くから親が結婚相手を決める許嫁の風習が珍しくありません。

産油国ではイスラム法に基づいて、女性は体型や顔、肌を全体的に隠します。だから、少女のころに「この子、可愛いな」と見初《みそ》めると、親どうしで子どもたちの結婚の約束をして許嫁にしてしまう傾向があるようです。

大人の女性の場合、隠していない目元だけを見れば絶世の美女なのだけれど、ベールを外したら「ハズレ！」ということもあるのです。私もよく「マスク美人」と言われますから、一生ずっとマスクしていようかと思うときがあります。「フィフィ、マスクを取ったらハズレ！」なんて言われたくありません。

エジプトでは、顔までベールで隠す女性はいませんが、顔を隠したり全身をベールで覆ったりしているイスラムの女性たちも、家のなかでは欧米の女性と変わらないファッションを楽しんでいます。そして、兄弟や親戚、クラスメートから紹介された男性を家に招い

私のマスク姿です

て、交流します。そのときは、私服を着て肌も露出しています。

その相手と交際がスタートすれば、家族公認で安心ですから、人づてに男性を紹介されるケースが多いです。

アメリカにも、ステディというのがあります。家族に紹介して、おつきあいを承認してもらった異性の交際相手のことです。日本語のカレシとはニュアンスが違いますが、車で迎えに来てパーティーに連れて行ってくれたりします。

お互いが相手に、そして相手の家族にも責任を持って交際するのですから、ステディは理想的なお付き合いと言えるのではないでしようか。

日本では、こういう交際の形が崩れてしまったために、非常に無責任な男女関係になってしまっているように感じます。相手とステディの関係であれば、簡単には別れられないし、「まじめにつきあわなきゃいけない」という自覚も持てると思います。

イスラム諸国では、女性どうしで遊びに出かけるときですら、兄弟や従兄弟など身内の男性がお節介《せっかい》で同行したりします。だから、さぞかし恋愛には寛容でないと思われがちですが、実はナンパ天国なのです。

ひとり歩きの女性には警戒されるので声をかけませんが、女性どうしで歩いていると、あちこちからシツコいぐらいお誘いがかかります。

誘いの手口はというと、口で「プスプスプス」って音を鳴らすんですよ。声を出すのではなく、唇を震わせるようにします。これはその女性の気を引こうとする行為で、もし女性が反応すると、速攻で話しかけてきます。ある意味では、出会い系サイトやアプリで知り合うより、ずっと健全なスタイルと言えます。

実は、アラブ人が出会い系サイトを利用する率はすごく高いです。だって、ＳＮＳで革命（アラブの春）が起きたぐらいですから。

だから、ネットで恋人を見つけて国際結婚をしようというアラブ人男性も多いのです。なぜ国際結婚かというと、エジプトのように失業率が高く、大卒でも就職できない若者が多い国では、結婚を機に外国に出ようとする人が少なくないからです。

なかには、イスラム的な結婚の責任から逃れたくて、外国人女性との結婚を望む男性もいるようです。

結婚の特徴（一）それは契約

ムスリムが逃れたいというイスラム的な結婚の責任って、どういうものでしょうか。

イスラム教では、結婚は契約という考え方を持っています。

性差による男女の役割を考慮して、男女それぞれに責任を課すだけでなく、男女の結婚に対して社会も責任を持ちます。だから、籍を入れたら成立するという簡単なものではありません。非常に合理的で厳しく、日本のようにフワフワしていないです。

契約ですから、お互いの義務と権利を確認し、結婚前から離婚後までどちらも不利にならないように、かつ子どもが親の犠牲にならないように細かな規定を設けています。

イスラムの結婚には、大きく分けて三つの特徴があります。

第一は、すでに述べたように、結婚が契約であること。日本のように男女が署名して承認印を押した婚姻届を役所に提出するだけで、結婚が成立するわけではありません。

契約はまず、不動産をはじめ、車や家具、家電に至るまでの財産の分配を取り決めることから始まります。次に、離婚した場合の慰謝料の金額も提示し、お互いに合意すれば結婚契約書に署名します。

幸せの絶頂にあって、これから結婚するというときに離婚後のことを考えるのには、私もびっくりしました。でも、これはイスラムが結婚を現実的に捉えていることの現われです。恋は盲目と言いますが、その分、ラブラブでいろんなことが見えなくなってしまう危険を孕《はら》んでいます。

実際に、婚姻届に署名した三日後に離婚する夫婦もいます。だからこそ、婚前契約によって、その責任の重さを自覚させる必要があるのです。

万が一、自分の失態で離婚の原因を作ってしまったら、相手に対してその責任を果たさなければなりません。契約をした以上、その権利と義務を自覚することで、結婚生活の維持に努めることを、イスラムの人たちは期待しているのです。だから、不倫をするにしても、そこまでの覚悟が必要です。

離婚した後、契約した慰謝料の支払い義務を怠《おこた》った場合、預金口座から強制的に支払わせる制度もあります。女性は子どもを育てる役割があるので、一般的には男性の責任が大きくなることが多いです。しかし、女性が不倫したりして契約に違反した場合は、女性に慰謝料の支払い義務が課せられます。

このように、結婚は契約であるというイスラムの社会的背景から、結婚に伴う義務から逃れたい無責任な男性ほど、国際結婚に走りやすいと言われているわけです。日本の女性はムスリムにモテると聞きますが、こうした事情も理由のひとつかもしれません。

結婚の特徴（二）夫婦別姓

特徴の第二は、夫婦別姓です。

女性の立場が弱いと誤解されがちですが、イスラムの女性は結婚後も姓が変わることはありませんし、離婚しても変わりません。

なぜ夫婦別姓なのか。ひとつは結婚や離婚によって女性や子どもの姓が変わることで、社会的な不利益をこうむる立場に置かれるのを防ぐためです。日本の場合、女性は結婚すると夫の姓を名乗り、離婚すると旧姓に戻すことが多いですが、女性の社会進出がめざましい現代社会ではメリットがあるとは思えません。

コーランが文書として一冊にまとめられたのは西暦六五〇年頃とされています。その時代に、夫婦別姓が女性の社会進出を想定して定められたとは言い切れませんが、イスラムが当時から女性の権利確立に努めていた証《あかし》と言えるのではないでしょうか。

子どもの姓はどうなるかというと、子どもは日本と同じく父親の姓を名乗ります。しかし、日本と違うのは、両親が離婚した場合も、子どもは実の父親の姓を名乗る点です。

理由のひとつは、離婚によって姓が変わることで、子どもが社会的な不利益を受けないようにするためです。一般的には、日本と同じように、母親が子どもを引き取るケースが多いですが、子どもに離婚後も実の父親が誰かを認識させる。そして、養育費の請求など子どもの権利を守ると同時に、実の父親にも責任と義務を自覚させる必要があると、イスラムでは考えています。

もうひとつは、戸籍の確認など行政の制度に頼らなくても、その人が何者でどこから来たのか、ルーツがわかるようにするためです。姓が変わってしまえば、近親者でもお互いが親戚かどうかもわからなくなる危険性があります。そうならないために、実の父親の姓を引き継ぐのです。なかには、歴代の祖父の姓をいくつかミドルネームに加えている人もいます。

コーランが書かれた当時、人間は現代のように簡単に移動することができなかったので、親族が同じ地域で暮らすことが一般的でした。だから、ミドルネームというのは、近親婚を避けるための知恵でもあったのです。

再婚した新しい父親の名前は、子どものミドルネームに入りません。でも、お母さんが好きで結婚したのだから、お母さんとラブラブしていれば、それでいいのではないかと思います。

私の本名にも、亡くなった父親と祖父の名前が入っていて、長い名前になっています。そのため役所や銀行で書類を書くとき、名前の記入欄に入りきらないのです。だから、途中で切って書き入れますが、その都度、違った切り方になっているので、よく確認の電話がかかって来たりします。

結婚の特徴（三）一夫多妻

特徴の三つめが、一夫多妻です。夫は四人まで妻を持てるというルールですが、イスラムの教えでもっとも勘違いされやすいところであり、日本人がもっとも興味を持つところでもあります。

一夫多妻は男のロマンという日本人もいます。ハーレムを想像する男性もいるでしょう。「今からでもイスラムの国に行きたい」なんていう声が聞こえてきそうですが、実はそんな簡単なものではありません。その本質を知れば、誰にでも許されるものではないことが理解してもらえると思います。

一夫多妻制は、産油国のような裕福な国や女性の地位向上が進まない地域では今でも見られますが、エジプトで目にすることはほとんどありません。なぜなら、一夫多妻を実践するには、経済的に裕福であることが求められるからです。

一夫多妻は、すべての妻に物質的にも精神的にも平等に分け与えることを条件にしています。

たとえば、第四夫人にプール付きの豪邸を与える約束をしたならば、第一夫人にも第二夫人にも第三夫人にも、同じようにプール付きの豪邸を与えなければなりません。最後に結婚した妻はだいたい若くて可愛いですから、第四夫人に何かあげたくなるのが常ですが、他の三人の妻にも同じようにあげなければいけないのです。

あるいは、第四夫人の部屋で過ごしたならば、他の三人の妻のところへも同じように出向いて過ごさなければなりません。守らない夫は、妻から訴えられます。

イスラムではなぜ、ひとりの夫が複数の妻を持てるというルールを定めたのでしょう。

ひとつは、時代的な理由です。ムハンマドがアッラーの啓示を受けた七世紀のころ、アラビア半島では戦争や病気で男が死に、未亡人がたくさん生まれていました。そういう未亡人を救済する、いわば社会保障制度なのです。これが一夫多妻の大きな役割なのです。

もうひとつ一夫多妻が許される理由があります。それは生物学的な理由からです。**男性の性の能力は妻ひとりで満足できる範囲をはるかに超えており、一夫一妻は人類学的に不**

自然であるとイスラムは考えます。

たとえば、日本では妻はひとりですが、外で浮気する男性は珍しくないし、街は性風俗店であふれています。言ってみれば、夫が妻の知らないところで知らない女と肉体関係を持つことが黙認されているような社会です。女房にバレなきゃ平気で女遊びをするわけでしょう。妻への責任意識だけでなく、浮気相手の女性に対する責任意識もない軽薄な振る舞いと言わざるをえません。

自然界では、オスが複数のメスと関係を持つケースは珍しくないです。だから、イスラムでは生物学的な観点から男性の本能を肯定しています。その一方で、不貞行為を社会的に認めないので、女性の性を売り物にする風俗営業は禁止されているのです。

また、女性の人権を尊重しますから、浮気相手のままに留まったり風俗店で働いたりすることなく、法律的に妻として処遇される権利を女性に与えているのです。

問題は、すでに結婚している妻の気持ちです。夫が自分のほかに妻を娶《めと》ることを認めれば、一夫多妻が成立しますが、認めなければ成立しません。

イスラムでは、妻に対する条件をふたつだけ定めています。ひとつは、子どもを産むこと。もうひとつは、性行為をすること。このふたつの条件が理由もなく果たされない場合には、男性側から離婚を申し出ることができます。

ただし、身体的あるいは精神的な理由で、これらが不可能である場合は、妻が離婚を突きつけられることはありません。一夫多妻制の場合、もし妻のひとりが何らかの理由で子どもを産めなければ、夫はその妻と離婚せず、他の妻との間に子どもを作ればいいのです。

また、「イスラムって、妻の方から離婚できないでしょう」と言う人がいますが、普通に離婚できます。夫の暴力や不貞行為に悩まされている場合などでは、妻の側から離婚を申し立てることが可能です。

日本だと、子どもを産めないことで、離婚を突きつけられることがあります。夫から無理な性行為を強要されたり、夫が外で性行為をするのを妻が黙認したりするケースもありますが、こうした問題をイスラムは一夫多妻という制度で解決しているわけです。

妻としてどうあるべきかについて、実はイスラム法は細かく定めていません。人類が種《しゅ》として存続するために夫と性行為をして、つまり子孫繁栄のために、できれば子どもを作りなさいと言っているだけで、むしろ非常にシンプルなのです。

キャラメル脱毛

映画「キャラメル」のところで触れましたが、イスラムの女性はふだんは肌を露出しないにもかかわらず、体毛を嫌ってキャラメル脱毛で全身をお手入れします。全身脱毛する理由は衛生的な観点からで、アンダーヘアまできれいに手入れするのが習慣になっています。

だから、日本の女性が手足の素肌を露《あら》わにしているのに、体毛の処理をしていないのを見かけると、私たちは仰天してしまいます。

このキャラメル脱毛が、とても面白いのです。前著でも紹介しましたが、私が話をするなかでも興味を持ってもらえるネタのひとつです。

まず、砂糖を鍋で煮詰めて、キャラメルを作ります。しばらくそのままにして、人肌《ひとはだ》程度まで冷《さ》まします。次に、キャラメルを手で伸ばして柔らかくし、アンダーヘアのうえに載せて広げます。そして、ガムテープをバリッと剥がすときの要領で、キャラメルを引き剝がすのです。

慣れないと、声をあげてしまうぐらい痛いです。でも、毛根から抜けるので、脱毛した後が本当にツルツルに仕上がり、しかも長持ちします。このキャラメルにレモン汁を加えるクミンの効果が期待できて、お肌がツヤツヤになります。

ひとりでするると、手加減してうまく脱毛できないときがあります。だから、女性たちがひとつの部屋に集まって、みんなで裸になって、お互いに剝がし合うのです。

私が幼いころ、家中の女性たちが全員どこかに消えてしまったことがあります。「どこに行ったんだろう」と思っていたら、奥の部屋から「ギャーッ」という叫び声が聞こえてきました。その日は、脱毛デーだったのです！

そして、余ったキャラメルが、私たち子どもに振る舞われたのでした……。

ついでに、ブラジリアン・ワックスにも触れておきます。やはり、温かいワックスを塗って脱毛する方法で、レバノン人が開発しました。

アラブで行なわれてきたハラーワ（脱毛）と同じ発想から開発された商品です。電子レンジでチンするだけですし、キャラメルのようにベタつかないので、このブラジリアン・

ワックスは、アメリカでヒットして世界中に広がり、日本でも脱毛サロンなどで使われるようになりました。

男性も陰毛をカットする

イスラムの女性たちは、肌を露出しないのに体毛を嫌いますが、それと対照的に、イスラムの男性は髭を生やします。とくに、アラブの男性は毛むくじゃらの人が多いです。アラブでは、体毛が濃いことが男らしいとされるので、その反対に体毛がないことが女らしいとされます。だから女性たちは、毛が濃くて「男っぽいね」と言われるのがイヤで、ツルツルにしたがるのです。

でも、脱毛している女性は既婚者に多く、若い女性はあまりやりません。私のお母さんも、嫁入り前の娘が眉毛を抜くのすら嫌い、「結婚してからやるものよ」と言っていまし

実は、体毛を処理する習慣は、イスラムの女性に限ったことではなく、欧米でもアンダーヘアの処理をするのが一般的です。

欧米のスポーツチームに所属する日本人選手が帰国してバラエティ番組に出演し、「陰毛の全剃りを迫られて、葛藤《かっとう》に苛《さいな》まれた」と証言していました。欧米の国々では女性だけでなく男性も陰毛を剃る習慣があり、手入れをしない方が恥ずかしいようです。

アラブの男性にとって、体毛は男っぽさのシンボルと述べましたが、実は欧米に限らず、イスラムの男性の多くも陰毛の処理をしています。といっても、キャラメル脱毛ではありません。ハサミでチョキチョキとカットします。

イスラムでは基本的に、素肌に刃物を直接、当てるのを嫌います。だから、女性の場合はキャラメル脱毛をしたり、顔であれば産毛《うぶげ》や眉毛に糸を絡ませて除毛したりします。男性の場合も刃物で剃らず、ハサミで短くカットするのです。

男性が陰毛を処理するのは、衛生上の理由からです。日本と違い、水の豊富でない地域は衛生面を重視するので、陰毛はない方が清潔だと考えているのです。

女性は陰毛を処理することによって、生理中の不快感が軽減されるメリットもあります。欧米の美容サロンでは、アンダーヘアをハート型にカットしたり、カラーリングしたりもしてくれるそうです。ところが、海外の女性が陰毛を脱毛しているのを、主にＡＶでしか見たことのない日本人男性のなかには、陰毛の処理を性行為の際の男性への配慮だと勘違いしている人もいて、「この女性は遊んでいる」なんて誤解されることもあります。これは大きな間違いです。

また、アンダーヘアを脱毛すると、「伸びかけたときに痛いのでは？」と心配する人もいます。でも、ずっと剃っていると生えてくる陰毛が貧弱になり、心配するほどではないのです。そもそも、欧米人は毛が細くて柔らかいので、あまり気にはならないそうです。ただ、日本人のなかには毛が太くて堅い人もいるので、欧米人とは事情が異なるかもしれません。

ここまでリアルに書くと、「フィフィも全剃り？」と思われる人が多いと思いますが、ここは前著にならって「郷に入《い》っては郷に従えです」とだけ申し上げておきます。

イスラムの割礼《かつれい》について

イスラム教徒の男性は、割礼《かつれい》を受けています。

割礼というのは、男性器の包皮の一部を切除する習慣です。皮のなかに汚れが溜《た》まらないようにという衛生上の理由で行なわれています。

生後六カ月以内に、病院で施術《せじゅつ》するのが一般的です。動くと痛いので、赤ちゃんがハイハイをし始める前に済ませます。イスラムでは、割礼が済むと、親族が集まって子どもと母親に対してお祝いをします。

大人の男性が結婚などを理由にイスラム教に改宗した場合、割礼は強制ではありませんが、自主的に行なう人はいます。私が名古屋に住んでいたころ、両親にムスリマとの結婚を相談に来た日本人男性は「割礼もしたい」と言って割礼をしました。日本の病院でも包茎手術が広く行なわれていますから、頼めば包皮の切除手術もやってもらえるようです。

コーランには言及がありませんが、ムスリムの間では慣習として割礼が定着しています。また、旧約聖書に記述があるので、ユダヤ教徒も割礼をします。アフリカやオセアニアの諸民族は、地域の風習として割礼を行なっています。

キリスト教でも、かつては割礼が行なわれていましたが、新約聖書に記されているように、イエス・キリストの使徒のひとりだったパウロが「キリスト教に改宗するに当たって、割礼は必要ない」という見解を出したので、それを機に割礼は減少しました。割礼というハードルがなくなったことが改宗者を増やし、世界宗教にまで広がった要因のひとつとも言われています。

キリスト教でも正教会（カトリック、プロテスタントと並ぶ三大教派のひとつ）の一部は、今でも割礼を奨励しています。アメリカはキリスト教徒が国民の八割を占める国で、十九世紀から衛生上の理由で割礼が行なわれるようになりましたが、一九九八年にアメリカ小児科学会が「包皮の切除を推奨しない」というガイドラインを出しました。このため、減少傾向にありますが、今でも約六割の人が包皮切除手術を受けています。

「ムスリマの割礼」は誤解です

イスラムの国々では女性にも割礼の習慣があるという誤解が広がっています。ここでは、この誤解を解いておきたいと思います。

女性の割礼というのは、女性器の一部を切除することです。アフリカのサハラ周辺とその東方に帯状に広がる、セネガルからソマリアにかけての地域で行なわれている習慣です。

イスラム教と女性の割礼は、本来まったく関係ありません。しかし、アフリカの一部の部族の地域で、独自の解釈や目的からイスラムの名の下《もと》に女性の割礼が行なわれたため、イスラムと結びつけられて問題視されたケースがあります。

ソマリア出身の国際的なスーパーモデルであるワリス・デイリーが、一九九七年に雑誌のインタビュー記事で、自分が割礼されたことを告白し、「割礼は無意味であり、やってはいけない」と訴えました。とても勇気のある行動だったと思います。その後、ワリスは国連の特別大使に任命され、割礼の廃絶に向けて活動を始めました。

アメリカの農村部でも、一九五〇年代まで人種に関係なく女性への割礼が行なわれていました。理由は、女性の性欲をコントロールするためです。女性は快楽を味わう必要がないので、クリトリスを切除して性欲を抑えるというもので、その背景に男尊女卑の考え方があります。

ただし現在、欧米ではクリトリスの包皮が被っていると快楽を味わえないという真逆の理由から、包皮を切除する手術を奨励する動きもあるようです。

イスラムでは、妻が夫から性的な喜びを十分に味わえないことが離婚を要求する正当な理由になると、イスラム法で定められています。つまり、女性が性の喜びを味わう権利は、イスラムの法律で守られているのです。

だから、「イスラムは女性に割礼を強制し、弾圧している」という批判はまったくの的外れであり、この点をちゃんと理解していれば割礼の習慣は廃《すた》れていったはずなのです。

アフリカの部族的な地域では教育が遅れていたために、イスラム教徒の酋長がコーランを読めず、あるいは読まずに勝手に解釈し、イスラムの決まりとして女性の割礼を行なった可能性があります。

国際社会では、一九七〇年代から女性器の部分切除は女性に対する虐待であると警告してきました。WHO（世界保健機関）は、その警告にもかかわらず、世界三〇カ国で性器切除が行なわれていると発表しています。

世界では二億人の女性が女性器の切除を経験し、今でも毎年、三〇〇万人の少女が女性器を切除されるリスクに直面しています。

最近はアフリカ連合（EUのようなアフリカの地域共同組織）に加盟する諸国からも廃絶の動きが活発化していますが、あまり効果は上がっていません。

二〇一五年九月には、国連で「持続可能な開発のための二〇三〇アジェンダ」が採択されました。このなかには、二〇三〇年までに世界で実現すべき一七のグローバル目標が掲げられていますが、そのひとつに女性器の切除も挙げられ、これを有害な慣習として排除・撤廃するよう謳《うた》っています。

日本ではあまり知られていませんが、国際的には大きな問題になっていて、解決に向けた模索が続けられているのです。

第五章

これだけは知ってほしいイスラム

ムスリム五つの義務

ムスリムには義務として課せられた五つの行為、五行《ごぎょう》があります。これはイスラムを理解するために、ぜひ知っておいてもらいたいことです。

最初がシャハーダ（信仰の告白）です。「アッラーのほかに神はない。ムハンマドは神の使徒である」と証言することです。

二番目がサラート（礼拝）です。一日五回、メッカの方角に向かって神に祈ること。

三番目がザカート（喜捨《きしや》）です。収入の一部を貧しい人に施《ほどこ》すこと。

四番目がサウム（断食）です。ラマダン月の日中に飲食や性行為などの欲望を断《た》つこと。これは、ラマダンのところで詳しく述べます。

五番目がハッジ（巡礼）です。経済的、肉体的に可能であれば、巡礼月である八月の八日から十日を中心に、サウジアラビアのメッカにあるカアバ神殿を巡礼すること。後で詳しく説明します。

この五行はスンニ派の場合で、シーア派の場合は五つ増えて一〇行になります。

六番目が五分の一税です。喜捨とは別に、税を支払うこと。

七番目がジハード（努力）です。これも後に詳しく述べます。

八番目が、善行と悪行の阻止です。

九番目が、預言者とその家族への愛。

最後が、預言者とその家族の敵との絶縁です。

九番目や最後の義務を見ると、シーア派が預言者やその家族に重きを置いていることが、はっきりとわかります。これがスンニ派と違うところです。

ラマダンは修行、ラマダンはお祭り

イスラム教徒は毎年、ラマダン月に一カ月間のサウム（断食）を行ないます。日の出から日没まで、一切の飲食を断つことをサウムと言います。

ラマダン月は、イスラム暦の九月のことです。よく断食のことをラマダンと言っていますが、断食という行為はサウムであって、ラマダンはサウムをする期間のことであり、またこの期間に行なう行事をラマダンと呼ぶこともあります。私は女性なので、断食中には「今、サイマしています」と言います。サイマはサウムの女性形です。

ラマダンは、すべてのイスラム教徒がそれぞれの住む場所で自主的に行なう行為で、強制ではありません。ラマダン中、ムスリムはお互いに「ラマダン・ムバラク」（よいラマダンを）とか「ラマダン・カリーム」（ラマダン月おめでとう）という決まり言葉で、あいさつを交わします。日本で正月に「あけましておめでとう」と言うようなものです。

ラマダン月に断食が行なわれるのは、西暦六一〇年九月に預言者ムハンマドにコーランが啓示されたからです。ラマダン月は毎年一一日ほど前にずれていくので、三三年間ですべての季節のラマダンを経験することになります。

日本人からよく「一カ月間も断食を続けて大丈夫なのか？」と心配されますが、その目的は修行です。自分自身を清めて、さまざまな欲を断ち、精神力を鍛えるとともに、食べられない人たちの気持ちを理解することにあります。

ラマダン期間中は、日の出から日没まで飲食禁止です。水を飲むこともできません。タバコもダメです。性行為もしてはいけません。噂話や悪口は、最大の罪とされます。ムスリムにとっては、自分自身と向き合い、信仰心を強く持たなければならない一カ月間なのです。

ただし、病人や体の弱い老人、生理中の女性、幼い子どもらは参加しません。妊娠中の女性は本人の判断で参加できますが、ラマダン中に生理が始まったら中止し、生理が終わった後にやります。あるいは、断食が無理なときは、代わりに人々に施しをするように教えられています。

子どもは、本人の意志で参加します。だいたい一〇歳ぐらいからが普通ですが、七歳から参加する子もいます。一日から始めて数日間、一週間と、しだいに期間を延ばしていきます。子どもたちはラマダンへの参加を大人への仲間入りと捉え、一カ月間のサウムをクリアすると喜びを感じるようです。

旅行している場合は、ラマダンをしなくていいとコーランにあります。だから、ワールドカップなど国際試合に出場するムスリムのスポーツ選手のなかには、ラマダンをしない人もいますが、する人もいます。ラマダン中に試合に出ると、さらに闘争心が湧き起こるという人もいます。

ラマダンは修行ですが、お祭りでもあります。

日本人の多くがイメージするような、辛《つら》く苦しい一カ月ではありません。イスラム諸国ではラマダン期間中、街がイルミネーションでライトアップされ、ラマダン独特の伝統的な布があちこちに飾られます。ムスリムたちは積極的にモスクに通い、時間をかけて祈りを捧《ささ》げます。ふだん足が遠のいていた若者たちや、忙しいビジネスマンもモスクに出かけます。

日常生活には、ラマダン・タイムが導入されます。役所や企業の勤務時間は、午後三時には終わります。エジプトでは、日没になると砂漠に向かって大砲が撃たれます。それをテレビで見たりラジオで聞いたりすると、アザーン（礼拝への呼びかけ）が流れて礼拝が始まります。

五時半から六時ぐらいで礼拝が終わると、家に帰ってブレーク・ファーストとしてイフタール（最初の食事）を食べます。みんな早く家に帰りたくて気が急《せ》くので、イライラして交通事故が増え、道路の渋滞もひどいです。ちなみにブレーク・ファースト（break fast）の「ファースト」は英語で「断食」の意味です。断食を破るということから、その日の最初の食事、朝ごはんを指すようになりました。

それから、ラマダン期間中は、友人や知人にも積極的に会いに行きます。夜の食事を摂《と》った後に会いに行くので、夜遅くまで話し込んで寝不足になる人も多いです。

断食したのに太る？

イフタールを家で食べる人が多いのですが、すぐに帰宅できない人たちのために食べ物や飲み物が配られます。

エジプトのカイロでは、ボランティアの子どもたちが交差点付近に立って、信号待ちをしている車のドライバーや同乗者に、ナツメヤシやジュースを無料で配る姿が見られました。

私も車に乗っていて、もらったことがあります。窓のところまで子どもたちがやって来て、「どうぞ」と言って手渡してくれました。自分たちも断食していて「お腹空《す》かないのかなあ」と思いますけど、それでも人々にサーブしている精神力には感心しました。

イフタールは、空腹の胃腸に負担をかけないように、ナツメヤシやジュースのほか、フルーツやサラダから食べ始めます。

日の出前に食べる食事をセヘリと言いますが、たまにイフタールからセヘリまで、ずっと食べ続けている人もいます。もうほんと、意味ないですよ。

食事を食べ過ぎて、ラマダンなのに太ってしまったり、日中ずっと寝て過ごす人もいたりします。私の従姉妹も夕方まで寝ていましたから、家族に呆《あき》れられていましたね。

イフタールは、道行く人や非イスラムの隣人にも振る舞われます。

イスラム諸国ではラマダン中、街角にイフタールを無料で提供するブースが設置されます。ブースには、すでに触れたラマダン独特の布がかけられています。私がお母さんに「あのブースを最近、街で見るけど、何?」と聞いたら、「あれはね、誰でも食べていいスペースだよ」と教えてくれました。仕事が忙しくてすぐに家に帰れない人や、貧しい人たちが利用するそうです。

東京ジャーミイでも、ラマダン期間中にイフタールを提供しています。予約が必要ですが、無料です。イスラム教徒でない日本人でも、このイフタールに参加できます。

イフタールの費用は、ザカート(喜捨)で賄《まかな》われています。ムスリムは一年間働いて稼いだ蓄《たくわ》えの二・五パーセントを喜捨することが義務になっています。ザカートとは別にサダカ(寄付)というのもあり、ラマダンの時期には積極的にサダカをするよう奨励さ

東京ジャーミイで出されたイフタール。豆のスープやピラフ、サラダなどです

れています。

一カ月間の断食が終わったラマダン明けは、町中がお祝いムードで、イードゥ（ラマダン明けのお祭り）が開かれます。

この日は役所がお休みになり、親戚や友人、知り合いを訪ねて、みんなで一緒に食事をしてお祝いします。「今年もよい年でありますように」とあいさつを交わし、子どもたちにはお年玉が配られます。店はどこもラマダンセールをやっていて、服を新調したりします。

一年の区切りというか、新しい一年の始まりという感じで、日本のお正月に雰囲気がそっくりです。

できればイードゥが行なわれる時期に、多くの日本人がイスラム諸国を旅行して、イスラムの信仰に生で触れてほしいと願っています。そうすれば、テロや紛争というイスラムのイメージを払拭《ふっしょく》することができると思うからです。

メッカ巡礼

メッカ巡礼についても、説明しておきます。メッカ巡礼とは、サウジアラビアのメッカに世界一大きな聖モスクがありますが、その中心にあるカアバ神殿などで礼拝するために、歩いてメッカに向かうことです。アラビア語で、ハッジと言います。日本で言うと、四国八八カ所の霊場をめぐる「お遍路《へんろ》さん」のような感じです。

イスラム教の五行のひとつで、イスラム教の全宗派の信徒が参加します。巡礼は、経済的、体力的に可能であれば、一生に一度は行くように義務づけられています。

ヒジュラ暦（イスラム暦）で十二番目の月をハッジの月と呼びます。この巡礼月にメッカを巡礼することが奨励されていて、これを大巡礼と言います。巡礼は別にいつ行ってもよく、ハッジの月以外のケースを小巡礼と言っています。

ハッジ専門の旅行会社があり、だいたいツアーに家族で参加します。私の両親は、親戚と一緒に行きました。もちろんひとりで行く人や、何度も行くお金持ちもいます。ムスリムたちは、ハッジのための貯金もします。

世界中からムスリムが集まりますので、近代的な文明に慣れていない人もたくさんいます。トイレの使い方がわからなかったり、大きな鍋に郷土料理を山盛りに入れて持って来てしまうような田舎の人もいます。

東京ジャーミイのところで書きましたが、イスラムではお祈りをするとき、みんな平等です。すべての人間は神の前において平等なので、巡礼ではみんな同じイヒラームと呼ばれる白い服を着なければなりません。男性は白い木綿《もめん》二枚を上半身と下半身にそれぞれ巻いただけの格好になります。女性はワンピースを着てヒジャブを被ります。

巡礼ではまず、カアバ神殿の周りを七回巡ります（タワーフ）。次に、サファーとマルワというふたつの神聖な丘の間を七回、行ったり来たりします（サーイ）。

続いて、メッカから二〇キロ離れたアラファトの野に移動します。ここで祈りを捧げた後、ムズダリファの野で七つの石を拾ってミナの谷に行き、悪魔の柱に向かって石を投げます。

最後に羊などをアッラーに捧げる犠牲祭を行ない、カアバ神殿に戻ります。

巡礼が終わりイヒラームを脱ぐと、巡礼を無事に終えた達成感で、みんな安らかな表情になります。

巡礼を果たしたムスリムは、名前の前に敬称として「ハッジ」が付きます。私はまだ行っていませんが、巡礼をしたらハッジ・フィフィと呼ばれるようになるでしょう。そうやって名前の前に敬称が付くぐらい、巡礼の達成者は尊敬されるのです。ムスリムとして、己《おのれ》の信仰心がワンランク上がるのです。

ハッジから帰ってくると、家の壁にカアバ神殿や飛行機、巡礼の思い出などを描くことがよくあります。田舎で目にする光景です。素人が描くので、あまり巧《うま》いとは言えません。エジプトからだと船で行くムスリムも多いですが、やはり船よりも飛行機で行ったことが自慢になります。人生で初めて飛行機に乗る人も多いからです。

近年、イスラム人口の激増に伴い、巡礼の希望者数もどんどん増えており、受け入れ可能な人数を超える事態になっています。たとえムスリムであっても、巡礼に参加するためには特別なビザが必要であるため、サウジアラビア政府が人口の増加を考慮して、各国に割り当てるビザの枠を決めています。

巡礼を制限するようになった背景には、いくつかの事故がありました。

一九九〇年七月二日には、メッカに向かうトンネルで一四二六人が圧死する大事故が起きています。あまりの数の群衆がひしめき合うなかで、ひとりが転倒すると連鎖的に広がって、人が人を押し潰してしまうのです。同じように二〇一五年九月二十四日には、メッカ近郊のミナの谷で、大巡礼に訪れていた巡礼者たちが将棋倒しになり、二一八一人が圧死しました。これはミナの群集事故と呼ばれていて、死者数が一九九〇年の事故を上回る大惨事となりました。

この事故を受けて、サウジアラビア政府は巡礼者の制限に踏み切り、各国にビザを割り当てる方法に変えたのです。

ただし、メッカへの巡礼中に亡くなることは光栄だとされ、天国に近いと言われます。実は、巡礼中にあまりに嬉しくてハイテンションになり、興奮して亡くなる人も少なくないのです。将棋倒しの事故も、ハイテンションになった一部の巡礼者たちが興奮状態に陥《おちい》って起きたものでした。

ここで、ジハードについてきちんと説明し、イスラムへの誤解を解いておきたいと思います。

「ジハード」とは、努力すること

ジハードとは、イスラム世界の拡大や防衛のために努力することです。それが西欧で「聖戦」(holy war) と訳されたために、イスラムは戦いの民だとかイスラム＝テロといったイメージが定着してしまいました。

もともとは、「内なる葛藤と外への努力・奮闘」というのが、ジハードというアラビア語の意味です。コーランに「神の道において奮闘せよ」とあり、この「奮闘」を表わす「ジャハダ」という言葉がジハードの語源とされています。

ですからジハードは必ずしも武器によるものではなく、言論による説得や心による働きかけも含まれています。だから、戦いに限った言葉ではありません。ただし、イスラムが侵害される場合に戦うことは、ジハードだと言えるでしょう。この点を捉えて、聖戦と訳されたのかもしれません。

確かに、イスラム世界の拡大や防衛のために努力するという意味ですが、イスラム教は非イスラムに対して積極的に布教しません。強制的に改宗を求めることもしません。だから、「イスラム世界の拡大」とは侵略や支配を意味しているのではないのです。

とはいえ、一九八一年十月にエジプトのムハンマド・サダト大統領を暗殺したグループをはじめ、その活動にジハードという呼称を掲げる地下グループが世界各地に生まれました。

このように、目的は何であれ、殉教の精神を持ったムスリムたちが決起する際に、ジハードという言葉を使いたがったのも事実です。そういう人たちがジハードの名の下《もと》に要人の殺害や暗殺行為を行なってきたために、どうしてもジハードは負のイメージで受け取られやすいのです。

二〇〇一年九月十一日にアメリカで同時多発テロ事件が起き、同じ年にアメリカはアフガニスタンに空爆を始めました。理由は、事件を首謀したイスラムのテロリストが潜伏しているから、その報復ということでしたが、罪のない女性や子ども、老人まで殺されたことで、イスラムから激しい反発が起こりました。それまでヒジャブをしていなかった女性たちが、イスラムの団結と抗議の念を込めてヒジャブを着けるなどしたため、この時期はヒジャブをする女性が増加したと聞いています。

このとき、イスラム圏では無差別にアフガンへ空爆を続けるアメリカへの反発から、生まれた子どもにあえて「ジハード」という名前を付ける親がたくさんいました。ジハードというのは、通常は女の子に付けられる名前ですが、このときは男の子にも付けられました。日本で言えば、男女ともに使える「光（ひかる、ひかり）」のような名前でしょうか。

コーランに「神の道において奮闘せよ」とあるのは、実は預言者ムハンマドの時代の初期のイスラム共同体のあり方に根ざしたことです。当時のイスラム共同体は、布教は積極的にしないものの、イスラム世界を広げるために努力をしていました。これが、ジハードになっていったのです。

イスラム原理主義への誤解

イスラムが槍玉《やりだま》に上がるとき、よく言われるのがテロと原理主義です。

原理主義とは、聖典や教義などをそのまま厳格に守ろうとする主義や立場のことです。聖典を字義通りに受け取って、時代や場所が違うことによる解釈の違いや例外を認めない考え方と言えるでしょうか。

原理主義はもともと、キリスト教で使われた神学用語です。カトリックから分離したアメリカの保守的なプロテスタントのなかで一九二〇年代、主流派のモダニストに対して聖書を絶対視する少数派が抵抗します。これが初期の原理主義でした。

このプロテスタント内の穏健な保守派はその後、エバンジェリカル（福音《ふくいん》派）と呼ばれ、より厳格な超保守派はクリスチャン・ファンダメンタリズム、つまりキリスト教原理主義と呼ばれるようになりました。

このように、原理主義はもともとキリスト教内の動きから生まれた言葉なのですが、日本ではヒンズー原理主義とかユダヤ原理主義とか、他の宗教でも使われるようになったのです。

イスラムについては一九七九年のイラン革命以後、イスラム原理主義という言葉が使われ始めました。それ以前の日本では、神学の専門家が「ファンダメンタリズム」を「根本《こんぽん》主義」と訳していたのですが、一般に普及することはありませんでした。しかしイラン革命のころ、アメリカでイスラムの急進的な政治運動に対して「イスラミック・ファンダメンタリズム」という表現を使ったことから、これが日本ではメディアによって「イスラム原理主義」と和訳され、他の宗教にも適用されるようになったわけです。

原理主義という言葉は、メディアで幅広く使われています。近代化に対して宗教者が反発したり、聖典を文字通りに受け取ってそれ以外の解釈を受け入れなかったりする厳格な姿勢に用いられています。

しかし、原理主義には本来、定義がなく、適用範囲すら定まっていません。そうしたなかで、マスメディアはこの言葉をレッテル貼りのために、つまり、ちょっと見下した差別的な表現というような否定的意味合いを持たせて使っていることが多々あります。たとえば、「あの人、原理主義だよね」という表現には、保守的で頭が堅く、融通《ゆうずう》が利《き》かないという意味が込められています。あまりいい意味の言葉ではないのです。

イスラムでは西洋的な近代化に反発して、十九世紀末からムスリムの宗教的な自覚を促《うなが》す運動を起こしました。

イランでは一九七九年のイラン革命で、アメリカ寄りだったパーレビ王政が打倒され、政治とイスラムを統合したイスラム共和制の新政権が誕生しました。このとき、革命を主導したのが宗教指導者のホメイニです。初代大統領には経済学者で反政府運動家だったバニサドルが選ばれました。

これに対して、アメリカはイランの革命政権を敵視し、イスラミック・ファンダメンタリズム、つまり原理主義という言葉を使って、彼らに狂信的な集団というレッテル貼りをしたのです。

その後、イスラムを名乗るテログループが相次ぎました。彼らの武装闘争を報道する際にイスラム原理主義という言葉を使ったため、イスラム原理主義＝テロというイメージが広まっていきました。

ムスリム同胞団は過激派ではない

たびたびニュースでも耳にする、イスラムにおける政党として有名なのが、ムスリム同胞団です。

ムスリム同胞団は、イスラム法による国家の確立を目指した、スンニ派の代表的な宗教運動・社会運動の組織です。学校や孤児院、養護施設や病院などを作り、社会的弱者の受け皿となってきました。日本では過激派と結びつけて解説されていますが、実際には武装闘争をせず、慈善事業を行なっているため、多くの市民の支持を得ている大衆的なイスラム政党です。

二十世紀前半にエジプトで生まれ、中東一帯に広がりました。二〇一〇年にムハンマド・バディーウが、ムスリム同胞団の最高指導者に就任しています。

エジプトでは長い間、ホスニー・ムバラクが独裁政権を維持し、ムスリム同胞団は非合法組織として抑圧された歴史があります。抑圧された理由のひとつは、ムバラク政権がアメリカとのつながりを維持するために、ムスリム同胞団が目障りだったことです。

二〇一〇年十二月にチュニジアで起きたジャスミン革命に端を発する「アラブの春」と呼ばれる民主化のうねりは、エジプトに飛び火しました。二〇一一年六月からムバラク退陣を求める大規模なデモが、エジプト各地で繰り広げられたのです。

脱アメリカを掲げてきたムスリム同胞団は、この民主化の動きを支持しました。これに対し、ムバラク政権は同胞団の幹部を拘束します。この弾圧は、国民のムバラク政権への怒りの炎に油を注ぐことになりました。

二〇一一年二月十一日、ついにムバラク大統領が退陣しました。ムバラクはおよそ六兆円におよぶ資産をくすね持っていたことが明らかになっています。

その九カ月後、エジプト初の民主的な人民議会選挙が実施されました。ムスリム同胞団は自由公正党を結成して選挙に臨み、国民の支持を得ました。そして翌二〇一二年五月から六月にかけてエジプト大統領選挙が行なわれ、ムスリム同胞団が大統領候補に擁立したムハンマド・ムルシが当選したのです。

大統領に決まったムルシは、政治と宗教を切り離すために、自身はムスリム同胞団を離れます。そのうえで、内閣にムスリム同胞団から四人の代議士を入閣させました。

国民の大きな期待を背負って誕生したムルシ政権でしたが、ムスリム同胞団の反西欧的な思想を懸念した西側諸国、とくにアメリカからエジプトへの投資が大きく減ることになります。経済状態が悪化しただけでなく、政府内部の反ムルシ派がわざと停電を起こすなどして国民の生活への不満を作為的に増大させ、その不満の矛先《ほこさき》をムルシ政権に向けさせせたりもしました。何しろ三〇年もの長きにわたって独裁政権が続いたため、政府内部がひどく腐敗していて、クリーンにしようというムルシ政権の足を引っ張る動きをしたのです。

国民の不満が募《つの》るなか、二〇一三年七月三日、エジプト国軍総司令官や国防大臣などを務めたアブドルファッターフ・シーシが率《ひき》いる軍部が、事実上のクーデターを起こしました。翌三日にムルシ大統領の権限を剥奪《はくだつ》し、シーシがクーデター政権のトップになりました。

ムルシの支持者はクーデターに強く反発し、デモを繰り返しました。そのシンボルとなったのが、親指を曲げ、残りの四本指を差し出す「4」のサインです。4はアラビア語でラバーと言い、カイロにあるラバーの広場を意味しました。ラバーの広場で大規模な集会が開催され、軍による虐殺も行なわれたので、「4」のサインは反クーデター政権のシンボルになったのです。

ただ、抜き打ちで警察によって携帯のデータをチェックされることも多く、デモや集会に参加した市民たちは軍部に拘束されたり、連行され拷問《ごうもん》されるなどの弾圧を受けました

4本指のサインを掲げ、クーデター政権に反発するカイロ大学の学生たち
写真／AA／時事通信フォト

が、日本ではあまり報道されませんでした。日本も含めた西側諸国にとっては、やはりムルシ政権が倒れた方が都合がいいからです。クーデターは国際法で禁じられた行動ですから、本来であれば西側諸国は抗議すべきなのですが、黙認する格好になりました。

この時期、ムスリム同胞団の関係者一〇〇人以上が逮捕されました。最高指導者であるバディーウも逮捕され、いまだに身柄を拘束されたままです。しかし、これも日本ではあまり報道されませんでした。

むしろ、クーデター政権が国営メディアを通じて流したイスラム同胞団＝テロ組織というイメージの方が定着しています。

今もエジプトでは、集会の自由や言論の自由が制限され、ムスリム同胞団は徹底的に弾圧されています。せっかくアラブの春で民主化が実現したにもかかわらず、軍事独裁政権に逆戻りしただけでなく、ムバラク政権時代よりもっとひどい状況という皮肉な結果になっています。「あんなに頑張ったのに、『アラブの春』っていったい何だったの？」とエジプトの国民はみんな思っています。

イスラム過激派とは？

では、イスラム原理主義が過激派ではないとしたら、イスラム過激派とは何なのか、説明しておきたいと思います。

イスラム過激派とは、イスラムを名乗り、自分たちの理想を自分たち流のイスラム解釈で理論化し、その理想を実現するために武力行使を容認する戦闘的な組織のことです。イスラムを利用して犯罪やテロを行なう過激派であり、イスラム教徒の支持を得ていません。彼らの行動がイスラムのイメージダウンにつながっていますから、イスラム教徒にとっては目の上のタンコブなのです。

イラクとシリアで活動するＩＳＩＬ（自称・イスラム国）をはじめ、アルカイダ、ヒズボラ、タリバン、ナイジェリアのボコ・ハラムなどがメディアによく出てくる過激派です。世界中に点在した組織がひとつに集まらずにネットワークで結ばれ、活動しているのが特徴です。

イスラム過激派は世界各地で、反アメリカや反シオニズムの感情を利用して仲間をリクルーティングするため、組織が維持されます。シオニズムとはパレスチナの地にユダヤ人の国家を樹立しようとする運動のことで、それが第四章で触れたパレスチナ問題をもたらしました。

言い換えると、西側諸国と発展途上国という、いわゆる南北問題をめぐる対立が解決されない限り、テロリストも減らないと私は考えています。

イスラム教徒に限らず、彼らの思想に感化された若者たちが過激派に加わるケースは少なくありません。ＩＳＩＬには、ムスリムになりすました非ムスリムの人間も含まれています。

ドイツの連邦憲法擁護庁によると、ドイツ人とドイツ移民を合わせておよそ二五〇人が、国外のテロリスト・キャンプで軍事訓練を受けているそうです。先進国の過激派メンバーたちは、インターネットなどを通じて自分たちの思想を積極的にアピールし、支持者を集めています。これが、従来のタリバンのような土着的な組織と違うところです。

では、なぜテロが生まれるのでしょうか。ここでは、経済的、政治的、感情的という三つの要素に分けて、その理由を説明します。

第一に、経済的な理由です。先進諸国と発展途上国の間に深刻な経済格差があり、多くの人たちが先に述べた南北間の不均衡に対して不満を持っています。この格差がなくならない限り、テロは続くでしょう。

第二に、政治的な理由です。第二次世界大戦後、多くの植民地が解放され、独立しましたが、その後も欧米先進諸国による権威的な圧力は続いています。たとえば、パレスチナ問題や、アメリカによるイラクやアフガニスタンへの攻撃などについても、私たちからすれば「なんで、あの人たちがうちらの地域で好き勝手しているの?」という感じです。こういう未解決の問題から生まれた欧米諸国への反発が、テロを生む背景にあります。

第三に、感情的な理由です。先進国では、移民たちが抱える失望感や、排他的な社会への不満が広がっています。あるいは、欧米の軍事行動によって同胞が傷ついたことへの怨《うら》みや憎しみが消えず、世代を超えた怨みの連鎖が続いています。

たとえば、アルジェリアからの移民の二世でフランス国籍の若者が就職活動をしていたとき、たまたま実力がなくて不採用となったのに、「移民だから落とされたのではないか」と疑念を持ったりします。あるいは、たまたまパーティーの誘いが来なかっただけなのに、「移民の子だから差別されたのではないか」と思ったりします。

そういう被害者意識や被差別意識があると、テロリストたちの「立ち上がれ」みたいなアピールに容易に反応してしまうことがあると思うのです。

「イスラム＝テロ」は偏見です

イスラムとテロを結びつけて考える日本人が多いので、ここで私の意見を言っておきたいと思います。

テロリストのなかにコーランを読んでいた者がいたとか、人を殺すときに「アッラーフ・アクバル」と唱えた者がいたとニュースで報道されると、「イスラムって恐いよね」

と思う人が多いと思います。でも、コーランには「正当な理由なくして人を殺してはならぬ。人殺しはアッラーの御法度《ごはっと》」（コーラン第十七章第三十三節　岩波文庫『コーラン（中）』98頁）とあります。

そう主張しても、「イスラムって他の宗教の人には攻撃的だよね」と感じる人がいるかもしれません。これについても、コーランには「イスラム教徒であろうと、不信心者であろうと、生きる権利を有しており、神の許しがない限り、誰にも他人の命を奪う権利はなく、自分の命を奪う権利もない」とあります。

イスラム教はテロがあるたびに「テロ行為はイスラムの教えに反する」と声明を出してきました。とくに、自殺についてははっきりとダメ出しをしているのは、イスラム教だけです。

自爆テロについて、日本人のなかには「自らの命を捧げてテロ行為をすれば天に召《め》されるから、ムスリムたちは喜んでやっているんだ」と思っている人がいますが、大きな間違いです。後に詳しく触れますが、自殺したり自分の体を焼いたりすると、神の代わりに審判を下したことになり、非常に重い罪を犯したことになります。

だから、イスラム教がテロを生んでいるというのは明らかに間違いです。もしイスラム教徒のテロリストがいるなら、それはテロの首謀者によってコーランが都合よく解釈され、テロリストたちが洗脳されたからです。

たとえば、テロ行為を神の許した報復行為と主張したり、無差別の殺害や自爆テロを認められるとしたりするのは、イスラムの教えに反しています。自殺を禁じているのですから、当然ですが自爆テロはダメです。前に述べたように、そもそもジハード（努力）に対する日本での解釈も誤りですし、私たちからすれば間違いだらけです。

ここで、アルカイダについて少し触れておきます。

アルカイダは、アメリカのＣＩＡ（中央情報局）やパキスタンのＩＳＩ（軍統合情報局）、サウジアラビアのＧＩＰ（統合情報庁）が、一九七八年以後の旧ソビエト連邦によるアフガン侵攻に対抗して、アフガニスタン現地のイスラム義勇兵を訓練して育成した武装組織です。イスラムが生んだのではなくて、アメリカなどが作った組織なのです。

言ってみれば、国際政治のなかでアメリカがソ連に対抗するために、マッチポンプ的に利用してきたわけです。

なかには、イスラムによるテロと見せかけて、イスラムのイメージダウンと弱体化を狙った動きという見方もあります。陰謀論として片づけられがちですが、過激派の活動によって、いったい誰が得をするのかをちゃんと見きわめないと、なぜテロが後を絶たないのかという本質は見えてこないと思います。

要は、さまざまな国際政治の動きが絡んで、テロが起きている。この事実を理解しないといけません。イスラム教への偏見や怨みを生む危険性があるので、ここは慎重に見定める必要があります。

では、イスラムの側はテロに対して、どう対応しているのでしょうか。

日本ではあまり報道されていないため、「何も言わないよね。イスラム教徒の人たち」とか言われますけど、イスラムはきちんと言うべきことを言っています。

二〇〇五年十二月に開催されたイスラム諸国首脳会議では、「テロはイスラム教の教義に反する」と明確なアナウンスメントを出しました。イスラム諸国の政府要人や宗教指導者たちは「アルカイダによる破壊行為もテロである」と批判しています。タリバンがアフガニスタンにあるバーミヤンの大仏を破壊したときも、テロ行為だとして声明を出しているのです。

パレスチナに対するイスラエルの弾圧や支配、アメリカによるアフガニスタンやイラクへの攻撃が反米感情を増大させ、非ムスリム社会における孤独感から過激思想にのめり込むムスリム移民が増えるなかで、イスラム教は繰り返してテロ行為を非難しています。

最近のテロでは、ムスリムたちも巻き込まれて命を落としていますから、とても心を痛めています。私たちは、決して加害者ではありません。それどころか、最大の被害者であることを理解してもらいたいです。

テロに巻き込まれ、空爆を受け、ＩＳＩＬなど過激派の攻撃も受け、そのうえに、テロが起こることによって偏見や差別に晒《さら》されているわけです。私たちは、イスラムと報じられるニュースを耳にするたびに、心が擦《す》り切れるような思いなのです。

メディアは正しく伝えてほしい

イスラム＝テロという偏見を助長したメディアの責任は、とても大きいです。テレビ、新聞をはじめ日本のメディアの人たちは、よく考えてほしいと思っています。

世界では毎日のようにたくさんの犯罪が起きているなかで、イスラム教徒が罪を犯したときだけ「犯人がイスラム教徒である」と報道するのは、どう見てもバランスがとれていません。

確かに、その犯人が「アッラーフ・アクバル」と唱えたり、コーランの言葉を口にしたりしているケースがありますが、それは日常的な行為にすぎません。イスラム教徒は食事をするときも、あいさつをするときも、同じような言葉を口にしています。犯人の過激な行動をイスラムと結びつけるような報道は、正しいとは言えません。

そういう報道をすることによって、イスラムと欧米との対立を煽《あお》る結果になりますから、私たちからすると、多くの人にイスラムに対する反感や嫌悪感を抱かせる西側のプロパガンダに見えてしまいます。

たとえば、アメリカの大手メディアを仕切っているのはシオニストであるため、対立するイスラムに対してメディアを使って弱体化を図っているのではないかと勘ぐりたくもなります。シオニストとは、前に述べたシオニズム、つまりパレスチナの地にユダヤ人の故郷を再建しようという運動の信奉者のことです。

イスラムvs欧米という対立の構図を作ってしまうと、アメリカが空爆を行なっても「あいつらがテロをするから、報復としてやむを得ず攻撃するんだ」として、戦争を正当化することにつながります。

そうなると、メディアはテロ行為に対する報復としての戦争を引き起こし、正当化することに加担していると言えるのではないでしょうか。

日本のメディアが、欧米の対立の構図をそのまま受け取って報道していていいのかということです。欧米のメディアの垂《た》れ流しではなくて、日本なりに消化して、イスラムをどう伝えるか考えるべきではないでしょうか。

また、イスラム教徒のなかには、テロ行為を認める政治的な思想を持っているグループもいます。ごく少数にすぎない過激派によるテロ行為の責任を、世界中のイスラム教徒に負わせるのは間違っています。

少数の過激派が多数のイスラム教徒を代表しているような印象を与えてしまっているのは、イスラムに対してあまりに酷《こく》です。たとえ彼らがムスリムを自称していても、イスラムと切り離して報道することにメディアは努めてほしいと思うのです。

そうでなければ、先進国の人たちの間に差別や偏見を生み出し、ムスリムの移民たちの孤独感を募らせ、テロリストを生むという、さらなる悪循環を作り出してしまう危険性が大きいです。

その典型的な例が、本書の初めの方で述べたように、ISILをイスラム国と呼ぶことです。イスラムのことをよく知らない日本人が、イスラム国によるテロや戦争によってイスラムのことを知ったら、ネガティブなイメージしか持てなくなります。「イスラム教徒が移民でたくさん来たら困るよね。日本の治安悪くなるし、恐いんじゃね」といった発言にもつながります。

日本のメディアは、イスラム諸国の大使館やモスクから「イスラムに対する誤解やネガティブなイメージにつながるので注意してください」「ISILをイスラム国と呼ばないでください」と求められてきました。にもかかわらず、反省や改善が見られないまま、イスラムへのネガティブ・キャンペーンが繰り返されています。

その背景には、専門家による間違った解説もあります。イスラムについての専門家は少なく、ニュースの解説を聞いていると知識も見識も不十分だと思うときがあります。

東京オリンピックを前に、多くのムスリムが観光目的で訪日しているにもかかわらず、メディアの伝え方は改善されていません。それどころか、エスカレートしているのではないかとすら思うほどです。「私、イスラム教徒なんだけど」って言いにくくなっていることに恐い感じがします。

イスラム教徒がいくら抗議しても、イスラム排除的な言論を展開してきたメディアの無責任な行為は、罪が重いのではないでしょうか。

二〇一一年三月の東日本大震災や、二〇一六年四月に起きた熊本の震災でも、ムスリムの団体は炊《た》き出しを行なうなど、積極的な支援活動を展開しました。しかし、こうした活動がメディアで取り上げられることは少ないです。

だから、私は必死にツイッターやブログで発信してきましたが、日本のメディアもぜひ、もっとポジティブな面も取り上げてほしいと願っています。

メディアの報道姿勢が改善されないと、移民や難民の受け入れにも影響が出てくるでしょう。日本政府はインドネシアやマレーシアから外国人労働者を受け入れる政策を進めていますが、彼らの多くはムスリムなのです。

イスラムについて悪いニュースばかりが報道され、日本人の間にイスラムに対するネガティブなイメージを生んでいるのは、日本に住むひとりのムスリマとしてとても辛いです。

日本人のなかにも、イスラム＝テロという構図がおかしいと感じている人がたくさんいます。だって、日本でムスリムが犯罪や悪さを起こすことは、ほとんどないのですから。それなのに「なんで、こういう伝えられ方をするんだろう。イスラム側の話も聞いてみたい」「なんで、イスラムの側は空爆で殺されなきゃいけないのだろう。なんで、空爆する側は人殺しにならないんだろう」という疑問を持つ人が、けっこういます。

だから、私がツイッターやブログで発信すると「やっと聞きたいことが聞けた」という反応も多いのです。

イスラムのことをある程度、知ってから報道に接すれば、まったく違った見方や感じ方をすると思うのです。日本人には、イスラムについての基礎的な知識を持ってほしい。それが、私がこの本を出したかった一番の理由でもあります。

幸か不幸か、私は常にニュースや番組に出演している立場なので、イスラムについてきちんと伝えられるチャンスがあります。だから、諦《あきら》めずに努力したい。第二章にも詳しく述べたように、イスラムについて伝えるのが自分の使命なのではないかという思いを強く持っているのです。

第六章

ムスリムと付き合うために知ってほしいこと

偶像崇拝をしない

この本の終わりに、これからムスリムと付き合ううえで、日本人が知っておかなければならないこと、知っておいたら役に立つことなどを伝えたいと思います。

まず初めに知ってほしいのは、イスラム教では偶像崇拝が禁止されていることです。神の姿形を絵に描いたり、石や粘土、木や金属などを使って像を作ったりしてはいけないのです。アッラーはもちろん、スンニ派においては預言者ムハンマドやイスラムの偉人たちについても、描いて崇《あが》めることをしません。

日本のアニメでは、よく頭上に輪のようなものが浮かんでいる神様が雲に乗っている姿が出てきますが、イスラムではタブーです。イスラム圏で日本製のアニメが放送されるときは、そこだけカットされることもあります。

キリスト教や仏教でも昔は偶像崇拝が禁止されていましたが、ギリシャ彫刻やヘレニズム文化の影響を受けて、キリストやマリアの像を作ったり、仏像を作ったりするようになったと聞いています。

日本では明治維新の際に廃仏毀釈《はいぶつきしゃく》の方針が掲げられ、全国で多くの仏像が破壊されました。やはり偶像は権威や権力と結びつきやすく、思想や視野を狭めてしまったり危険な方向に走らせてしまったりするので、それを戒《いまし》める意味で偶像崇拝が禁止されたのかもしれません。

第二章で述べたように、私が少女時代に「神様ってどんな姿形をしているんだろう」「神様ってこんな姿かなあ」と絵を描いて見せると、お母さんは「そんなことは、考えなくていいんだよ」と言って、次のように説明してくれました。

「本当の神様はどんなものか、誰も説明できないんだよ。それを人間が想像して作るのはバカげているんだよ」

偶像崇拝が禁止されているため、イスラムの絵画や彫刻は、植物紋様や幾何《きかがく》学紋様、カリグラフィー（イスラム書道）などが主になっています。これらのアートは、モスクなどのイスラム建築で独特の世界を創造することになりました。

十字架を贈らない

日本では、十字架をデザインしたファッションやアクセサリーが普通に売られています。でも、ムスリムに十字架の入ったペンダントや小物などをプレゼントするのはタブーなので、気をつけてください。怒ったりはしませんが、呆れると思います。そもそもどの宗教であれ、違う宗教のシンボルを象《かたど》った物をプレゼントするのは、よいセンスとは言えませんよね。

十字架について調べていたら、面白いネタを見つけました。

日本で大人気になったゲームにドラゴンクエスト（以下、ドラクエ）があります。シリーズの初期は、仲間を生き返らせるシンボルマークは十字架でした。でも、シリーズの途中から、シンボルが変わったのです。

理由は宗教上の配慮で、どの国籍、どの文化、どの宗教の人たちにもドラクエを楽しんでもらうためでした。特定の宗教、この場合はキリスト教を連想させる表現をしないことで、そこから派生するリスクを回避しようと努めた結果とのことです。

聖地エルサレムには、キリストの墓があるのと同時に、ムハンマドが昇天した岩のドームもあります。その聖地をめぐって、イスラム教徒はキリスト教徒と激しい争いを繰り広げてきた歴史があります。とくに十字軍によってひどい仕打ちを受けているので、少なからず十字架への嫌悪感があってもおかしくないのです。

キリスト教徒に迫害されてきたユダヤ教徒にとっても、キリストの象徴である十字架には特別な思いがあります。ムスリムだけでなく、ユダヤ教徒にも十字架を象ったプレゼントを贈るのは避けた方がよいでしょう。

十字架によく似たものに、アンクがあります。これは、死後の世界から再度、生まれ変わるときに使う命の鍵で、古代エジプトの信仰です。ファラオの壁画に描かれていたりします。日本人がよく知っている古代エジプトの王ツタンカーメンは、アラビア語でトゥットゥ・アンク・アーメンと言って、アーメン神の生ける似姿という意味を持ちます。

エジプトではみやげ品としてよく売られていますし、アメリカのヒップホッパーが大きなアンクをぶら下げていたりしますので、アンクなら問題ないでしょう。

「じゃあ、お寺や神社に連れていくのはいいの？」という疑問があると思います。これは、ムスリムのインバウンドを積極的に招致している京都のケースを見ればわかるようにＯＫです。

イスラムは、他の宗教には比較的に寛容です。礼拝をしたり儀式に参加したりするのは、また別の話ですが、観光で行くだけならまったく問題ありません。むしろ他の文化に触れることは、その宗教観を知ること。彼らのなかには、他の宗教観を積極的に理解しようとする人も多いのです。

左手で握手をしない

日本人で握手をするときに左手を出すことはほとんどないと思いますが、念のために言っておきます。ムスリムと握手するときに、左手を出さないでください。

キリスト教、ヒンズー教、イスラム教の三大宗教には、左についてそれぞれ異なる意味があります。

キリスト教では、悪魔は左に宿り、病は左手から来ると言われています。だから、宗教画に登場する悪魔のほとんどが左利きです。あるいは、娼婦のことを「左の女房」と言ったりします。「左」に、よいイメージがないのです。

ヒンズー教の場合、左手は不浄《ふじょう》の手とされています。これは、単純に左手を排泄《はいせつ》の処理に使うからです。食事をしたり、握手したり、物を渡したりするのは右手でやります。

イスラム教でも、食事は右手で、排泄処理は左手でします。とかくヒンズー教の考え方と混同されがちですが、左手を不浄の手としているわけではありません。ただ、イスラム教においては、左より右を優先するという思想があるのです。

右を優先するので、聖地メッカを巡礼するときは右回りです。文字も右から左へ書きます。罪を犯した場合、右手を切り落とすという刑罰もありました。物事はすべて右から左という決まりがあるのです。

今では、左利きは個性のひとつとして尊重されるようになっています。日本もかつては左利きに理解がなく、子どものころから右利きに直されるケースも見られました。

火葬をしない

イスラム教では、火葬をしません。人間の体を焼くことは、死刑と同じぐらい重い罰を課す酷《ひど》い行為で、やってはいけないタブーです。

この考えは、古代エジプトにルーツがあります。古代エジプトでは、来世の始まりである復活の日に備えて、現世での肉体をそのまま保存するという宗教観を持っていました。

人間は死んだ後、もう一度、生き返ると信じられていたのです。この思想は、ミイラづくりの発達につながりました。

この思想が、キリスト教、ユダヤ教、イスラム教に大きな影響を与えます。この三つの宗教の信徒は一般的に「啓典《けいてん》の民」と呼ばれますね。啓典とは、もともとはイスラム教の用語で、神の啓示を書いた文書のことです。アラビア語でキターブと言います。イスラム教では、ユダヤ教の旧約聖書とキリスト教の新約聖書も啓典と認めていたのです。

さて三つの宗教の啓典には、「人間は死後、最後の審判を経《へ》て復活する」と書かれています。死後の世界には天国と地獄があり、来世をどちらで過ごすかは現世での行ないによって決まります。

この復活がなされるためには、現世の肉体が残されていることが大前提なのです。遺体が焼失してしまったら、最後の審判を受ける権利すら失い、来世での復活は不可能になりますから。

だから、キリスト教、ユダヤ教、イスラム教では火葬禁止が原則ですが、キリスト教圏の先進国では土地の確保や伝染病の防止を理由に、火葬禁止の決まりを解いています。たとえば、アメリカでは葬儀の三分の一が火葬になっています。

でもイスラム圏では、現在も火葬は行なわれていません。土葬です。アラビア語で火のことをナールと言いますが、ナールには地獄という意味もあります。遺体を火で焼くことは、最後の審判を受ける前に、その人に地獄行きの審判をすることにほ他なりません。天国か地獄かを決めるのは神のみですから、審判を下したことも重い罪になります。

このイスラムの考えは、生命が大地から生まれ、大地で育《はぐく》まれ、そして大地に還《かえ》るという思想や、人間は死んだら土に還るという思想ともつながっています。

イスラムの葬儀は、実際には土葬というよりは、風葬に近いです。墓となる場所に囲いを作り、そこに土を盛ったところに遺体を横たえます。遺体には布を巻いていますが、どんどん腐って土に還っていきます。

日本では法律上、土葬は禁止されていませんが、土地が少ないこともあって、ほとんどが火葬です。そうなると、土葬できる墓地が限られているなかで、日本で亡くなるイスラム教徒がどこに永眠するかというのが大きな問題になってきます。

日本に在住するイスラム教徒は約一〇万人と言われていますが、彼らの大きな悩みのひとつが、死後の問題、とくに土葬できる墓地の確保です。

ムスリムのなかには、日本で亡くなると遺体を空輸して母国の故郷で土葬にする人もいますが、これはお金がかかるので裕福でないとできません。

亡くなった私の父は工学者だったのですが、アラビア語と日本語の通訳ができたので、通訳としてたびたび呼ばれることがあったんですね。日本でアラビア語の通訳は、なかなかいませんから。

なかにはアラブ人のご遺体を空輸する際の相談を受けるときもあって、国際試合のために来日していたイスラム圏のサッカーチームの監督が、日本滞在中に亡くなったことがあったのですが、そのときも、父がご遺体を母国まで空輸する手続きのサポートに当たりましたね。

しかし、日本人と国際結婚して子どもができたムスリムのなかには、日本で永眠したいと望む人も少なくありません。母国に葬《ほうむ》られたら、日本の家族はなかなかお墓参りに行けなくなりますから。

日本では、前に述べたように土葬は禁止されていません。しかし、衛生上の問題や土地の確保の難しさなどから、土葬できる霊園は限られています。

私のお父さんは二年前に亡くなりましたが、本人の希望もあって日本にあるイスラム墓地に土葬され、眠っています。

日本の場合、風葬に近いイスラム本来の土葬とは違って、埋葬する場所の地面を掘ってベッドのような空間を作り、遺体を横たえて蓋《ふた》をします。その上に土を盛るという方法を採《と》っています。

イスラムの墓は、盛り土の上に故人の名前やメッセージを記したプレートを置くだけだったり、花が咲く植物をたくさん植えたりと慎《つつ》ましやかです。なかには、日本の墓の真似《まね》をして、墓石のようなものを作る人もいます。

最近、日本人の名前が刻まれた石碑が見られますが、これはムスリムと国際結婚した日本人妻でしょう。

また、小さな盛り土が集まっている場所がありますが、これは胎児の墓です。妊娠して一定期間を経過した胎児は生まれなくても人間と見なされ、お墓に土葬されます。

お父さんの墓参りに行ったら、あるお墓にお供《そな》え物の缶ビールが置いてあり、私たちはみんなで思わず笑ってしまいました。イスラムではアルコールがハラーム（禁止）ですから、霊園にビールが供えられていることはまずありえません。夫婦でムスリムとなった日本人のお墓でしたが、遺族はおそらくムスリムではなく、夫婦がイスラムであることを意識せずにビールをお供えしたのでしょう。

異なる文化や宗教観を持つ外国人と共生する場合、どのように埋葬するかという死後の問題はすごく重要です。日本政府は外国人労働者や移民を受け入れる政策を打ち出しているのですから、この問題について今後どう対応するか、積極的に取り組む必要があると思います。

誉《ほ》めすぎてはいけない

イスラムでは、誉《ほ》めすぎは厳禁です。

日本では「奥さん、美人ですねえ」と、たとえ美人でなくても上司の妻を誉めなければいけない状況もあるでしょう。もちろん、誉められた方は悪い気がしませんが。

でもイスラムの国々では、人の容姿や持ち物を誉めすぎてはいけません。もし男性の前で、彼の妻や彼女を誉めれば、下心を疑われるだけでなく「邪視《じゃし》」だとして気分を害するおそれがあります。

邪視というのは、悪魔の籠《こ》もった嫉妬のまなざしのことです。イスラムでは古くから「邪視に晒されると悪いことが起きる」という言い伝えがあります。コーランやイスラム法とは関係ないイスラムの人々の間で信じられている迷信です。

この考えによると、相手が自分の持ち物や立場に対してジェラシーの炎を燃やしたとき、その怨念《おんねん》が病気や交通事故などの災《わざわ》いをもたらすとされます。

実はこの邪視という考えもあって、女性は自分の美しさを隠すために、ベールで頭や体を覆っているのです。逆に言えば、美しさを隠さないと他人に嫉妬されて災いが起きるということです。

邪視の考えはイスラムだけでなく、キリスト教圏をはじめ、世界各地のいろいろな民族の間で共有されています。

トルコにはナザール・ボンジュというお守りがありますが、これは邪視を跳《は》ね返すものと言われています。トルコに行くと、飲食店などで売っています。

青いガラスの中心に目玉が描かれていて、「目には目を　歯には歯を」と同じように「邪視には邪視を」という意味があります。ナザール・ボンジュが割れても悪い兆《きざ》しではなく、逆に邪視から持ち主の身を守ってくれたというふうに解釈されています。

エジプトなど中東にも、ハムサと呼ばれる魔除《まよ》けがあります。手のひらのような形の真ん中に目玉があり、これを別名ファーティマの目とかファーティマの手と呼んでいます。ユダヤ教ではミリアムの目とも言われます。

ファーティマは預言者ムハンマドの四女で、理想の女性として賞賛されてきました。だから、イスラム圏では女の子によく付けられる名前です。ファーティマは貧しい人にも優しく、手を差し伸べる生き方をしていたので、彼女の手が象徴的に使われるようになったのです。

なぜ邪視の目が青いのかということについても、いわれがあります。この迷信を信じる地域は黒い目の人種が多かったので、青い目は外国人を意味していました。つまり、外国人に対する警戒からこの魔除けができたのです。

つまり違う人種の外国人がやって来たときに、美女や宝物を取られてしまうかもしれないという警戒心から生まれた迷信なのです。

偶像崇拝の禁止については、この章の冒頭で述べました。イスラムが偶像崇拝を否定した理由のひとつに、この邪視もあります。聖像や偶像には目がありますが、邪視という考え方があったために、あまり人々には好まれなかったのです。

アフガニスタンの内戦時に、イスラム過激派のタリバンがバーミヤンの大仏を破壊しましたが、このとき、大仏の目の周辺が多く破壊されたのも、この邪視が災いをもたらしているという考え方からでしょう。

チップを渡す

チップのことを、アラビア語でバクシーシと言います。ムスリムに荷物運びのポーターなど何か仕事をしてもらったら、チップを渡してください。

イスラムの国々では、貧しい人や老人にお金や物を分け与える光景をよく目にします。

私の知り合いの日本人男性は、エジプトでピラミッドを見物したとき、ラクダに乗ったそうです。そのとき、ラクダを引いてくれた少年にチップを渡しました。目的地に行く途中で、その少年が別の小さな子どもと交代します。そうしたら、少年は自分がもらったチップの一部をその子どもに渡していました。ラクダの上からそれを見た彼は「こうやって分配されるのかと感心した」と言います。

イスラムの教えのなかには、豊かな者は貧しい者へ、富める者は乏《とぼ》しい者へ施《ほどこ》すという考え方がありますから、こういった光景は日常的に見られます。

施すものはお金であったり、食事であったりします。施しによる救済が、社会保障制度がない時代からあったため、そういう考え方が根づいています。

だから、チップを払うのはイスラムの国々ではマナーとなっていて、外国人旅行客だけでなく、現地の人たちもケチったりせずにチップを渡しています。

料理は少し残す

イスラムでは、食事はひとりでするものではなく、たくさんの人で食べる方が楽しいという考え方を持っています。食事の列席者を招くことを歓迎するのです。

だいたい大皿の料理が並んだ円卓を囲んで、大人数で食べます。そういうときに、イスラムでは、料理は全部平らげてしまうのではなく、少し残すのがエチケットです。コーランによると、二人分の食べ物は三人に十分であり、三人分の食べ物は四人に十分であるとされています。

また、他人の食べ方が「なんか変だな」と思っても、注意したりしません。食べる行為自体が神聖なものだし、食べ方というのはその人の育ちそのものであり、ポリシーでもありますから、他人の食べ方を指摘することは失礼とされているのです。

さらに、コーランによると、「（胃の）三分の一は食事に、三分の一は飲み物に、三分の一は呼吸のためにある」とされ、食べすぎを戒めています。預言者ムハンマドも「痩《や》せて健康でいることは、肥満で非生産的であるより、よいことである」と述べて、シンプルな生き方を奨励しています。

そういう思想から、満腹になるまで食べるのではなく、料理を少し残すという発想が出てきたのだと思います。

もうひとつ、料理を残せば、使用人が食べられるということもあります。日本では料理を残すことが失礼とされる文化がありますが、イスラムでは問題ありません。

温泉や銭湯はＯＫ

女性の服装については、ヒジャブのところ（第三章）で詳しく述べました。イスラムでは、男性も露出を控える服装をします。たとえば、ショートパンツを穿《は》く場合、膝《ひざ》より上を出すのはＮＧです。

人前で着替えるのも、エチケットに反します。家のなかで着替えるときも、男だからといって家族の前で裸になったりするのはよろしくありません。ちゃんと人から見えないところで、着替えます。

実は、私の息子は日本流で、人前でも裸ん坊になってバンバン着替えます。エジプトで暮らしている私の妹の子どもは息子の一歳年下ですが、着替えるときはちゃんと別の部屋に行って着替えてきます。そんなところにも、育つ環境の違いが表われるのですね。

日本人の男性には、平気で人前でオナラをしたりゲップをしたりする人がいますが、イスラムではどちらもＮＧです。

お風呂はどうでしょうか。日本の温泉や銭湯は全裸になりますが、密室のなかなので入浴は禁止ではありません。それぞれのムスリムの判断で、人前で裸になりたくない人は入らないと思います。私のお母さんなんか温泉が大好きで、よく入りに行きました。

トルコやエジプトなどイスラム圏には、日本のような温泉や銭湯はありませんが、ハンマームという風呂があります。男性が裸体で集まり、蒸気で入浴するサウナのようなもので、トルコでは名物になっています。

日本には、かつて風俗店を「トルコ風呂」と呼ぶ風潮がありました。でもこのハンマームとは一切関連がないので、一九八四年にトルコ人留学生らの抗議を受けて、「ソープランド」に改称されました。それ以来、日本ではトルコ風呂という名称は使われなくなったという経緯があります。

おもてなしの心

イスラム諸国では、街を歩いていると、知り合いに「おい、お茶でもどうだ?」と呼び止められることがあります。

あるいは「うちに来いよ」と言われて、自宅で食事を一緒に食べたりします。おみやげ屋さんで買い物をしていて、店主と仲良くなって食事をご馳走《ちそう》になることもありますが、別に下心があるわけではありません。

他人に対して物惜《ものお》しみせずにもてなすことが、人間の価値として美徳であるとされているのです。人をもてなすことが、自分の価値なのです。

コーランには「お客様を大切にしよう」「困っている人を助けよう」とあります。大勢での食事を好むのは、食事を楽しむだけでなく、来客のみやげ話をありがたがるというイスラムの人々の気質から来るものです。「今日、どこどこでこんなことがあった」という話を聞けるのは、とてもありがたいことなんです。だから、客を歓迎するのです。

預言者ムハンマドが商人で、アラビア半島で隊商を組んで交易をしていたことと関係があるかもしれません。当時は、どこでどんなことが起きているかという情報を得ることが大変でしたから、客のみやげ話を重要な情報源としていたのでしょう。

ムハンマドは「神と最後の審判を信じる者は、客を歓迎するように」「第一日目は特別のご馳走をして、三日間もてなすように」と言っています。そのくらい厚くもてなせということです。

一方、ムスリムの間には「お客様は三日まで」という言葉もあります。三日を過ぎて四日、五日となると受け入れた側もイライラしてきて、「こいつ、いつまでいる気だ」ということにもなりかねません。三日が潮時だということでしょうか。

コーランの一節に「近親の者にやるべきものはきちんとやらなくてはいけない、また貧者や道の子（旅人）たちにも。ただし、無駄金は使わぬよう」（コーラン十七章二十六節　岩波文庫『コーラン（中）』97頁）とあります。これが、イスラムのおもてなしの心です。

さて、日本人としてムスリムたちをどうもてなすか、です。いろいろ考えてみましたが、「ぜひ、これをしてください」というようなことは思い浮かびませんでした。

ムスリムたちは日本に来る前から情報を収集済みで、礼拝所やハラール・レストランのマップなども持っています。礼拝時間や礼拝の方角も、スマホのアプリでわかります。だから、ムスリムを迎える側として用意することはあまりないのです。

むしろ、他の国からの観光客と同じように接し、日本流のおもてなしをしてあげれば、それでいいと私は思っています。そうすれば、「ああ、これが日本流のやり方なんだ」と思って尊重してくれるでしょう。

それよりも、気をつけてほしいのはタブーの方です。

すでに述べたように、ムスリマに「今日もおキレイですね」なんて歯の浮いたお世辞を言う必要はありません。そして、男性から初対面の女性に握手を求めたりはしないでください。「この人、下心あるんじゃない？」なんて思われてしまいます。

あと、ムスリムとどう付き合っていくべきかを知りたいなら、まずこの本を読むことをお勧めします（笑）。

勤勉な日本人が大好き

親日国であるエジプトやトルコだけでなく、イスラム圏の多くの国が日本に対して、よいイメージを持っています。

日本人のことをアラビア語でヤバーニと言いますが、これはヤバン（野蛮ではありません）つまり英語のジャパンに近い言葉なのです。

そして、日本人の国民性を表わすとき、彼らはタイエビーンという言葉を使います。アラビア語で「勤勉な」という意味です。イスラムでは、日本人は勤勉で誠実な人たちというイメージなのです。

　そういうイメージが作られたのは、やはり日本製の自動車や家電製品が大きいと思います。トヨタやホンダ、ソニーやパナソニックは多くのムスリムが知っていますし、乗ったり使ったりしている人も多いでしょう。これほどまでに優秀な物を作ってきた日本人を、心から尊敬しているのです。

　イスラムの人々も、日本がアメリカと戦争をして原爆を落とされた歴史をよく知っています。あそこまで国土が焼け野原になったにもかかわらず、奇跡的に復活して高度経済成長を遂《と》げたことだけでも、たいへん日本のことをリスペクトしているのです。しかも、その奇跡的とも言えるほどの発展のなかで、数々のすばらしいテクノロジーを開発し、先進的な産業を育成してきたというイメージが強いのです。

　それ以前の日本については、正直言ってあまり知らなかったかもしれません。この本で紹介した「おしん」やニンジャ、サムライぐらいは知っていても、たぶん織田信長《おだのぶなが》や徳川《とくがわ》家康《いえやす》といった歴史までは知らない人がほとんどです。

　逆に言えば、そういう日本の伝統や文化は、これからイスラムに向けてアピールしがいがあるのではないでしょうか。彼らはもっともっと日本を知りたがっているのです。

二〇二〇年の東京オリンピックに向けてますます増えるムスリムの観光客に対しても、積極的に日本の情報を発信してもらいたいと思っています。

あとがき

日本では「グローバルな時代が来た」「国際化を進めよう」と、どれだけ言われ続けてきたことでしょう。

にもかかわらず、日本と世界の間には、いまだに距離があります。世界で何が起きているのか、無関心でもあるように見受けられます。

そんななかで、イスラム世界の情報はテロや紛争といった悪しきイメージでしか、伝えられていません。マスメディアは過激派組織ＩＳＩＬを「イスラム国」と、あたかもイスラムを代表した国と誤解されるような名前で報道しています。

一夫多妻がほとんど実践されていないにもかかわらず、「妻を四人まで持てるのでしょう。いいよねえ」なんてことも、ことあるごとに言われます。ジハードという言葉も本当は努力という意味なのに、誤解が解かれないまま、聖戦という訳語で頻繁《ひんぱん》に使われています。

イスラムの人たちと日本の間は理解が深まるどころか、溝《みぞ》を広げているのが実情です。振り出しに戻るというより、マイナスからのスタートになってしまっているのです。

世界には、たくさんのムスリムがいます。イスラムについて理解してもらうことで、世界はうんと近くなるし、日本人はきっとムスリムとうまく付き合っていけます。日本という国をイスラムの国々にアピールすることもできると思います。ムスリムも日本に興味を持っているので、日本を売り出せるチャンスがあるのです。

宗教が異なっても「同じ人間なんだな」とわかれば、楽しくつきあえることを知ってもらいたい。相手の宗教を尊重することは、人間関係をうまく構築するための基本です。相手を尊重すれば、相手も私たちを尊重してくれます。

だから、イスラム教を理解することは、日本がもっとムスリム・フレンドリーな国として成長するために不可欠だと思います。

柔軟な日本人だからこそ、できることがあると思いますし、日本はイスラム諸国との友好を深めることで、もっとすばらしい国になると信じています。

大好きな日本に愛を込めて

フィフィ

切りとり線

★読者のみなさまにお願い

この本をお読みになって、どんな感想をお持ちでしょうか。祥伝社のホームページから書評をお送りいただけたら、ありがたく存じます。今後の企画の参考にさせていただきます。また、次ページの原稿用紙を切り取り、左記まで郵送していただいても結構です。

お寄せいただいた書評は、ご了解のうえ新聞・雑誌などを通じて紹介させていただくこともあります。採用の場合は、特製図書カードを差しあげます。

なお、ご記入いただいたお名前、ご住所、ご連絡先等は、書評紹介の事前了解、謝礼のお届け以外の目的で利用することはありません。また、それらの情報を6カ月を越えて保管することもありません。

〒101-8701（お手紙は郵便番号だけで届きます）
祥伝社　新書編集部
電話03（3265）2310
祥伝社ブックレビュー　www.shodensha.co.jp/bookreview

★本書の購買動機（媒体名、あるいは○をつけてください）

________新聞の広告を見て	________誌の広告を見て	________の書評を見て	________のWebを見て	書店で見かけて	知人のすすめで

★100字書評……日本人に知ってほしいイスラムのこと

名前

住所

年齢

職業

フィフィ　ふぃふぃ

1976年、エジプト・カイロに生まれる。テレビ、ラジオ、ウェブメディアで活躍中。

2歳のときに家族で日本へ移住、中京大学情報科学部を卒業後渡米し、帰国後に音楽関連企業に就職。

2001年に日本人男性と結婚、2005年には男児を出産。

その後、ニックネーム「ファラオの申し子」としてタレント活動を開始。2011年の「アラブの春」に際して綴ったブログで注目を集め、以来、国内外の社会問題について鋭い発言を続けている。

公式ツイッター @FIFI_Egypt。

著書『おかしいことを「おかしい」と言えない日本という社会へ』(小社刊)。

日本人《にほんじん》に知《し》ってほしいイスラムのこと

フィフィ

2018年6月10日　初版第1刷発行
2022年7月20日　　　第2刷発行

発行者……………辻 浩明
発行所……………祥伝社しょうでんしゃ
〒101-8701　東京都千代田区神田神保町3-3
電話　03(3265)2081(販売部)
電話　03(3265)2310(編集部)
電話　03(3265)3622(業務部)
ホームページ　www.shodensha.co.jp

装丁者……………盛川和洋
印刷所……………萩原印刷
製本所……………ナショナル製本

Printed in Japan　ISBN978-4-396-11540-1　C0230

〈祥伝社新書〉
日本、そして世界を知る

578
世界から戦争がなくならない本当の理由
なぜ「過ち」を繰り返すのか。池上流「戦争論」の決定版！
ジャーナリスト 名城大学教授
池上 彰

570
資本主義と民主主義の終焉
平成の政治と経済を読み解く
歴史的に未知の領域に入ろうとしている現在の日本。両名の主張に刮目せよ
法政大学教授
水野和夫
法政大学教授
山口二郎

487
日本人と中国人
〝同文同種〟と思いこむ危険
名著復刊！ 中国を知り、日本を知る最良の入門書
作家
陳 舜臣

486
日本人と中国人
なぜ、あの国とまともに付き合えないのか
名著復刊！ 日中関係から読み解く「日本論」であり、すぐれた「日本人論」
イザヤ・ベンダサン／著
作家・評論家
山本七平／訳

408
イスラムの読み方
その行動原理を探る
その成り立ちから精神構造、行動原理までを説き明かす名著を復刊
山本七平
加瀬英明